ハワイでしたい101のこと

永田さち子・文　宮澤 拓・写真

実業之日本社

Contents もくじ

Chapter 1 / SPOT & ACTIVITY
行きたい！ してみたい！ 27のこと

- 001 レインボーハンターになる！……6
- 002 オアフ島の東海岸へ絶景ドライブ…8
- 003 Newオープンに沸くコオリナで
リゾート気分に浸る……12
- 004 ハワイの植物に出合い
島の歴史を知る……14
- 005 人気映画のロケ地で
スリリングなワイヤー体験……17
- 006 完熟のおいしさをその場で味わう！
70種類が実るフルーツ農園へ……18
- 007 ホームステイでハワイ料理と
英語をマスターする……20
- 008 ハワイみやげの定番！
ライオンマークの工場見学……22
- 009 名器の製造工程とレジェンドの
情熱的な語りに時間を忘れる……23
- 010 ハワイの出雲大社で
御朱印をいただく……24
- 011 130余年の時をさかのぼり
王朝時代へタイムスリップ……25
- 012 憧れのキャンパスで
学生気分を味わう……26
- 013 幸せを運んでくるネックレスを
手作りする……27
- 014 初めてのフラ＆ウクレレ体験を
無料で……28
- 015 スカート持参でステップアップの
フラレッスン……29
- 016 3年ぶりに蘇ったワイキキの
歴史スポットへ……30
- 017 ノースショアの新名所で
ハレイワの魅力再発見！……32
- 018 全米ベストビーチをホッピング！……34
- 019 ダイヤモンドヘッドを
見下ろしてみる……35
- 020 ワイキキの近くに
穴場ビーチを見つける……36
- 021 波の音に癒され
スパタイムを過ごす……37
- 022 トライクに乗って
ビーチラインを駆け抜ける……38
- 023 サンセットに癒されるSUPヨガ…40
- 024 ちょこっと沖までお手軽クルーズ…41
- 025 ワイキキを歩きながら
ハワイ語を学ぶ……42
- 026 夜の美術館でロコと弾ける！……43
- 027 週末名物の花火を眺めに行く…44

Chapter 2 / SHOPPING
ほしい！ 買いたい！ 26のこと

- 028 お買い物心に火が付く
ワイキキの注目店へ……47
- 029 洋服からインテリアまで
おしゃれにまとめる……48
- 030 ビーチに行く前に
着心地のいい服をGETする…50
- 031 ダウンタウンで人気急上昇中の
ショップをのぞいてみる……51
- 032 カイルアで、キラリと光る
ショップをクルーズ……52
- 033 ニューオープンの
デパート・クルーズ……54
- 034 ブラジリアンビキニで
ビーチデビューする……56
- 035 メイド・イン・ハワイの
サンダルで街を歩く……57
- 036 ヴィンテージ柄の女子アロハを
手に入れる……58
- 037 伝説のラハイナセイラーで
男心をつかむ……59
- 038 美しいシャツを求め
ダウンタウンで行列する……60
- 039 パワーストーンのブレスレットを
オーダーする……62
- 040 ロコの手作りジュエリーから
パワーをもらう……63
- 041 大切な人に贈るための
カードを見つける……64
- 042 ハワイのアロマオイルに
癒される……65

- 043 お肌に合うハワイアンコスメを見つける……66
- 044 ヒップなエリアの人気店をチェック！……69
- 045 ダウンタウンの名物店でアンティークを……70
- 046 古き良きオールドハワイへタイムスリップ……71
- 047 かわいい文具を探す……72
- 048 生まれ変わったアラモアナのスーパーに燃える！……74
- 049 ホールフーズでバルク買いを体験！……76
- 050 おみやげに喜ばれるクッキーを食べ比べる……78
- 051 深夜のベーカリーに駆けつける…80
- 052 赤いチェックのトラックを追いかける……81
- 053 ダウンタウンで買ったレイを着ける……82

Chapter 3 / GOURMET
食べたい！ 飲みたい！ 39のこと

- 054 100％コナコーヒーでほっとひと息 ……84
- 055 評判の朝ごはんメニューをいろいろ食べてみる……85
- 056 ミュージアムカフェで過ごすノスタルジックな時間……86
- 057 人気店仕込みの料理をミュージアムで味わう……88
- 058 ロコが熱狂するビーガン＆ローフードを試してみる……89
- 059 癒し系ヘルシーカフェでお腹いっぱい食べる！……90
- 060 人気シェフが手がけるデリでヘルシーランチ……91
- 061 UHでウワサのヘルシー系フードトラックへ……92
- 062 週2回、限定営業のトラックを狙い撃ち！……93
- 063 フルーツシロップのシェイブアイスでデザートタイム…94
- 064 日本 vs. ハワイのソウルフード対決……96
- 065 ノースショア名物ガーリック・シュリンプを食べ比べ…97
- 066 変わりだねハンバーガーにかぶりつく！……98
- 067 ハワイ・ナンバーワンのピザをダウンタウンで……99
- 068 コーヒー専門店の絶品ポケ丼にうなる……100
- 069 マグロの殺し屋に会いに行く……101
- 070 ロコに評判のオックステールスープを食べ比べ……103
- 071 土曜日は2杯目半額のフォーを食べる……104
- 072 週末のブランチにダウンタウンの飲茶……105
- 073 ハワイの伝統料理を試してみる…106
- 074 ハワイの創作料理50種類以上を食べ放題で楽しむ……107
- 075 強面のお兄さんたちが集う工場街のレストランへ……108
- 076 ハレアイナ賞最多受賞のレストランへおしゃれして出かける……110
- 077 常夏のハワイで季節感を楽しむ料理を味わう…111
- 078 ハレアイナ賞連続受賞を阻む気鋭の店を訪ねカイムキへ……113
- 079 ワイキキの空中庭園で過ごす絶景カクテルタイム……114
- 080 高級レジデンスホテルのダイニングで食事……116
- 081 NEWSなデリでちょい飲みタイム……117
- 082 宮廷風タイ料理で王室のお姫様気分に……118
- 083 1800年代のハワイへタイムスリップ……119
- 084 カイムキの人気シェフが手がける最新スポットへ……120
- 085 ホノルル港の38番埠頭で悩む…121
- 086 ブームのクラフトビールでのどを潤す……122

| 087 | ローカル料理のボリュームに
ノックアウトをくらう……124 |
| 088 | 穴場のテラスから
ダイヤモンドヘッドを眺める……125 |
| 089 | 伝説のティキバーで
オールドハワイを感じる……126 |
| 090 | ワイキキの隠れ家ワインバーで
深夜に1杯……127 |
| 091 | 元ミス・ハワイのフラと
サンセットにうっとりする……128 |
| 092 | ハワイ生まれのカクテルの
ヒストリーを知る……130 |

Chapter 3 / STAY
泊まりたい！過ごしたい！8のこと

| 093 | ワイキキで最も美しいプールに
浮かぶ……132 |
| 094 | おしゃれロコも注目する
ビーチバンガロー風ホテルに滞在…136 |
| 095 | 全室オーシャンビューの
レジデンスホテルにときめく……138 |
| 096 | マネージャーズ・レセプションの
招待状を受け取る……141 |
| 097 | 太平洋のピンクパレスで
王族気分に浸る……142 |
| 098 | ラナイからハワイの英雄を
見下ろす……143 |
| 099 | ハーバービューの隠れ家ホテルで
大人の時間を過ごす……144 |
| 100 | 立地良し、コスパ良しの
ブティックホテルを拠点に……145 |
| 101 | 私たちがハワイでしたいこと……146 |

MAP
オアフ島全図／ハレイワ／カイルア／ホノルル／ダウンタウン／ワイキキ……150

Index……156

本書の使い方

本書はハワイに行ったら「してみたいこと」を101個集めた本です。
それぞれの「したいこと」のタイトルのそばに3種類のスタンプが押してあります。

定番のもの、押さえておきたいもの

旬なもの、新しいもの、これから流行りそうなもの

通なもの、マニアックなもの

自分の「したいこと」を探す手掛かりにするのもいいですし、
自分の「したいこと」「してきたこと」はどんな傾向かを考えるのもおもしろいかもしれません。

●住所、電話番号、営業時間、定休日、ウェブサイト、金額など、本書に記載のすべてのデータは、2016年9月取材時のものです。その後の変動が予想されますのでご了承ください。また定休日以外のイレギュラーな休みなども含め、重要事項については、訪れる際に事前にご確認ください。

Chapter 1

SPOT & ACTIVITY

行きたい！ してみたい！ 27のこと

ハワイのアクティビティ・シーンといえば、やっぱり海！ でも、それだけではありません。自然や文化に触れ、奥深い魅力を知れば、どんどん興味が湧いてきます。NEWオープンのスポット・チェックと、リラクゼーション・タイムもお忘れなく。

№001 レインボーハンターになる！

Catch the Rainbow 虹

Must POPULAR HAWAII

ハワイ州のニックネームは「レインボー・ステート（虹の州）」。雨上がりの空に美しい虹が架かることから、こう呼ばれるようになったそうです。

虹には気配があります。空は晴れているのに、どこからか雨の匂いがしてきたとき、雨上がりの空が急に明るくなってきたとき、そんなときは絶好のチャンス！　ワイキキにいる場合、午前中は海の方角に、夕方はアラワイ運河の山の方角に架かることが多く、ときにはショッピングセンターの駐車場や、ハイウェイからも、思いがけない場所から虹を見つけることができます。

「ハワイ滞在中、虹を見ることができた人は、必ずハワイへ戻ってくる」。この言葉を信じている私は、虹の気配を感じると急にそわそわ、きょろきょろ。ある友人がこんな私のことを『レインボーハンター』という、なんとも素敵な名前で呼んでくれました。

「また、ハワイに来たい！」、強く思いながら虹を追いかけていると、その願い、きっと叶います。

ワイキキの空いっぱいに架かる大きな虹。ハワイではダブルレインボーが見られることも珍しくありません。

№002 オアフ島の東海岸へ絶景ドライブ

Oahu East Coast Drive
東海岸ドライブコース

オアフ島東海岸はハナウマ湾、ワイマナロ・ビーチ、ラニカイ・ビーチなど、全米ベストビーチ（P.34）のオンパレード。

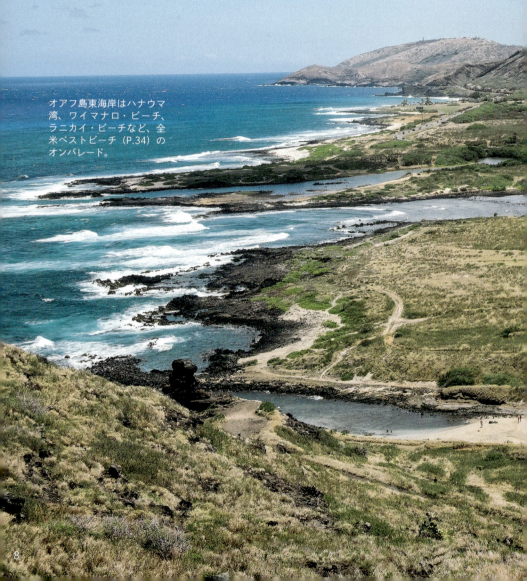

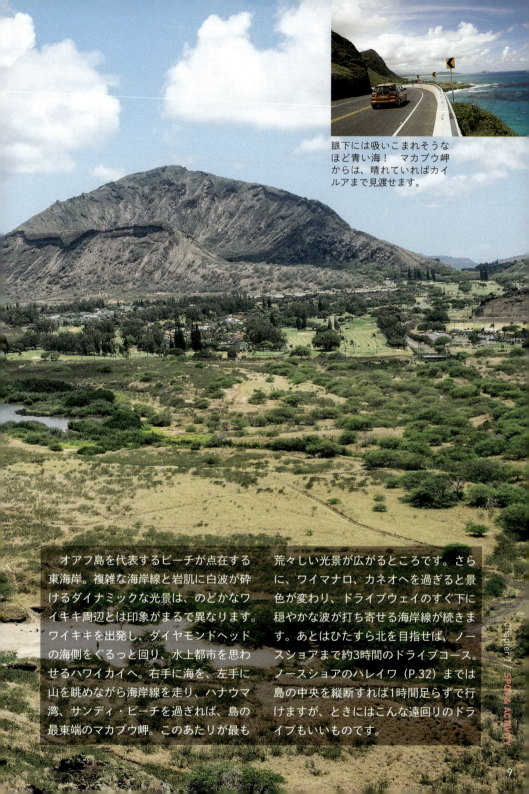

眼下には吸いこまれそうなほど青い海！ マカプウ岬からは、晴れていればカイルアまで見渡せます。

　オアフ島を代表するビーチが点在する東海岸。複雑な海岸線と岩肌に白波が砕けるダイナミックな光景は、のどかなワイキキ周辺とは印象がまるで異なります。ワイキキを出発し、ダイヤモンドヘッドの海側をぐるっと回り、水上都市を思わせるハワイカイへ。右手に海を、左手に山を眺めながら海岸線を走り、ハナウマ湾、サンディ・ビーチを過ぎれば、島の最東端のマカプウ岬。このあたりが最も荒々しい光景が広がるところです。さらに、ワイマナロ、カネオへを過ぎると景色が変わり、ドライブウェイのすぐ下に穏やかな波が打ち寄せる海岸線が続きます。あとはひたすら北を目指せば、ノースショアまで約3時間のドライブコース。ノースショアのハレイワ（P.32）までは島の中央を縦断すれば1時間足らずで行けますが、ときにはこんな遠回りのドライブもいいものです。

№002 Oahu East Coast Drive

Close Up!

東海岸には美しいビーチのほか、景色のいい展望台や、整備されたトレッキングコースなど、立ち寄りスポットには事欠きません。そのなかから、オススメのスポットをご紹介します。

マカプウ・ビーチと、その向こうに見える赤い屋根はシーライフ・パーク

Makapuu Point マカプウ岬

ハイウェイ沿いに見晴らしのいいマカプウ展望台がありますが、せっかくならオアフ島最東端を目指してみたいもの。マカプウ岬入口の駐車場から、岬の突端まではのんびり歩いて往復1時間半。バギーカーでも通行できる整備されたトレイルです。途中、日陰や売店はないので、帽子、日焼け止め、飲料水を忘れないようにしましょう。

MAP P.151／オアフ島

1. マカプウ岬にある灯台。
2. トレイルの途中から見える「ペレの椅子」は、火山の女神、ペレが休憩をとった場所といわれるパワースポット。

Pink's & Sea Life Park Hawaii
ピンクス&シーライフ・パーク・ハワイ

イルカやペンギンのショーが人気のアトラクション・スポット、シーライフ・パーク内にある『ピンクス』は、ハリウッドに1号店を構えるホットドッグ店。ハリウッドスターも訪れる人気店の味を楽しめるのは、ハワイでここだけ。飲食だけの場合、パークの入場料は必要なく、ランチ&休憩としてオススメです。

1. ハワイの海洋生物を保護する施設。
2. ハワイ店限定のホットドッグを味わえます。

- MAP P.151／オアフ島
- 41-202 Kalanianalole Hwy., Waimanalo
- 808-259-2500
- 10:30 〜 15:30（パークは9:30 〜 15:30）
- 休 無休
- WEB www.pacificresorts.com/hawaii

沖まで続く白砂と海のグラデーションにうっとり。

MAP P.151／オアフ島

Waimanalo Beach
ワイマナロ・ビーチ

2015年の全米ベストビーチに選ばれたのがここ。緑の公園の先に、一面まっ白な砂のビーチが広がり、平日はまるでプライベートビーチのような静けさです。ただし、あまり治安が良くないため長居は禁物。さくっと楽しんで、次のスポットを目指しましょう。

Ai Love Nalo
アイ・ラブ・ナロ

地元ワイマナロで採れたオーガニック野菜中心のビーガン料理カフェ。肉や魚はもちろん、動物性脂肪を一切使っていませんが、そうと感じさせないおいしさです。気をつけていないと見落としそうな小さな店ながら、ランチタイムはあっという間に満席になる人気店。

タロイモ、アボカド、カボチャをスパイシーに味付けした「カウカウ・ルアウ」（$11）。

とても静かでくつろげるカフェです。

- MAP P.151／オアフ島
- 41-1025 Kalanianaole Hwy., Waimanalo
- 808-721-2174　9:00 〜 17:00　休 火曜
- WEB www.ailovenalo.com

岩礁の内側にあるラグーンは波が穏やか。

ワイキキからは車で約40分。ハワイ島のワイコロア・リゾートに似た雰囲気です。

N⁰ 003 New オープンに沸く コオリナでリゾート気分に浸る

Ko Olina Resort コオリナ・リゾート

Hot 2017 UPDATE

　今、ワイキキに次ぐ大型リゾートとしてがぜん注目されているのが、西海岸のコオリナです。オアフ島のなかでも特に晴天率が高いエリアは、ビーチと山を望める自然の豊かさに加え、ネイバーアイランド（離島）のようなゆったりした雰囲気。高級ホテルが囲む4つのラグーンはプライベートビーチのようですが、ゲストでなくても楽しめるエリアがあり、ロコの隠れ家ビーチとしても人気です。

　リゾート内のショッピングセンターが徐々に充実してきているほか、車を10分ほど走らせれば現在、建設中のモノレール、ホノルル・レール・トランジットのスタート地点となるカポレイ・コモンズ。人気ショップの出店も相次いでいて、「今、最もクールなのはカポレイさ」というロコもいるほど。

　コオリナでのんびりリゾート気分を味わい、ワイキキやアラモアナは最終日にちょっとだけ。リピーターの間では、そんなスタイルがひそかなブームです。

MAP P.150／オアフ島

№003 Ko Olina Resort

施設やアクティビティが充実した滞在型の高級ホテルが多いのが特徴。オーシャンアクティビティの船が発着するマリーナや、ゴルフ場もあります。

Longhi's Ko Olina
ロンギーズ・コオリナ

アラモアナ・センターで長年、親しまれたレストランがコオリナに移転。高級リゾート内にありながら、フレンドリーなスタッフの対応はそのままに、朝食からディナーまで利用できます。

- MAP P.150／オアフ島
- 92-161 Waipahe Place, Kapolei（コオリナ・マリオット・ビーチクラブ内）
- 808-671-8887　8:00〜22:00　無休
- WEB longhis.com/threelocations/koolina-marriot-beach-club

マウイ島のラハイナ発祥のレストラン。

©Disney
ハワイの自然や歴史とディズニーの魔法を融合させたリゾート。

Aulani, A Disney Resort & Spa, Ko Olina, Hawai'i
アウラニ・ディズニー・リゾート＆スパ コオリナ・ハワイ

広大な敷地内には充実のプールエリアやスパのほか、ハワイの伝統を感じる仕掛けがたくさん隠されていて、ミッキーやミニーに会えるのも楽しみ。

- MAP P.150／オアフ島
- 92-1185 Ali'inui Dr., Kapolei
- 808-674-6200　WEB aulani.jp

Four Seasons Resort Oahu at Ko Olina
フォーシーズンズ・リゾート・オアフ・アット・コオリナ

2016年7月にオープンしたばかり。島内トップクラスのレストラン、ハワイの伝統療法を取り入れたスパなど、ラグジュアリーな滞在を楽しめます。

オアフ島初のフォーシーズンズ・リゾートとして話題に。

- MAP P.150／オアフ島
- 92-1001 Olani St., Kapolei
- 808-679-0079
- WEB www.fourseasons.com/jp/oahu

№004 ハワイの植物に出合い 島の歴史を知る

Hoomaluhia Botanical Garden

ホオマルヒア植物園

広さ160ヘクタール、東京ドーム約30個分の広さがある園内は、各エリア間を車で移動できます。ピクニックもオススメ！

「カネオヘにとてもいい植物園があるんだ」と、拓さんが以前から話していたのがここ。オアフ島内に5カ所あるホノルル市管理の植物園のなかで、もっとも広大な敷地を誇ります。「ホオマルヒア」とはハワイ語で「平和と静けさの場所」という意味。熱帯の樹木が茂る園内は、その名前のとおり平和な緑の楽園です。

ハワイ固有の植物のコレクションに特に力を入れていて、ほとんどの植物に名前と原産地を記したプレートが付けられています。ハワイの人の暮らしに馴染み深いものには生活道具への活用法や調理法、集まってくる動物や小鳥まで写真入りで紹介してあるのが楽しい。

ここを訪れ、ずっと疑問に思っていたことの一部が解決しました。それは、「ハワイ島にもマウイ島にも富士山より高い4000m級の山があるのに、どうしてオアフ島にはないの？」ということ。園内をぐるり360度見渡せる展望台、KILO HANA MAKUA(キロ ハナ マクア)のプレートに、その理由の一部が紹介されていました。ハワイの植物とともに、島に刻まれた自然の歴史を訪ねるのも、なかなか興味深いもの。園内では釣りやキャンプも楽しめるので、アウトドア好きの人はぜひ！

- MAP　P.151／オアフ島
- 45-680 Luluku Rd., Kaneohe
- 808-233-7323
- 9:00～16:00
- 休　無休
- 無料
- WEB　www.honolulu.gov/cms-dpr-menu/site-dpr-sitearticles/569-ho%60omaluhia-botanical-garden.html

ハワイ固有の植物のほか、ヘリコニア、ジンジャー、ヤシ類が豊富な植物園。

1. 野生のブタが出没することも！ 人懐っこいけど、エサはあげないで。

2. コオラウ山脈の山肌からカネオヘ湾まで、ぐるっと見渡せる展望台、KILOHANA MAKUA。
3. 園内散策の前に、インフォメーションでパンフレットを入手。

Chapter 1 / SPOT & ACTIVITY

慣れてくると、こんなポーズだって。自然に雄叫びを上げたくなる!?

こんな装備で出発し、全7ラインを体験。途中、スリリングな吊り橋が待ちかねます。

映画「ジュラシックワールド」のロケ地を回るツアーでは、リアルな恐竜が登場。動きます、吠えます！

全米で人気のドラマ「ロスト」全エピソードの撮影地になりました。

N^O 005 人気映画のロケ地でスリリングなワイヤー体験

Kualoa Ranch クアロア・ランチ

「ジップ・オ〜ン！」。スタッフのかけ声とともに、ワイヤーロープに滑車でぶら下がり、谷間を滑り下りるアクティビティ。今、予約を取るのが困難なほど人気と聞き、体験しに出かけてみました。

ヘルメットとともに体に装着するハーネスのものものしさに、緊張が走ります。最初にトライする練習用は約60mのショートコース。おっかなびっくり滑り下りてみると一瞬、体が空中に投げ出されるような浮遊感に驚きますが、2〜3本終わるころには慣れてきて、途中で片手を離したり、ポーズをとる余裕も。全長400m、最大高低差約30mの最長コースでは、緑の屏風のように連なるコオラウ山脈の山肌をめがけ、思わず雄叫びを上げてしまいました。

ここは、映画「ジュラシックワールド」はじめ、全米の人気ドラマのロケ地としても有名。本物の映像さながらの臨場感がよみがえるロケ地ツアーのほか、特別仕様のジープでジャングルの中に分け入るツアー、乗馬、四輪バギーなども体験でき、まるまる1日かけて楽しみつくしたい場所です。

現在、あるドラマの続編撮影が決まっているとか。そのロケ風景に、ひょっとしたら遭遇できるかもしれませんよ。

- MAP　P.151／オアフ島
- 49-560 Kamehameha Hwy., Kaneohe
- 808-237-7321
- 8:00〜17:30（カフェテリアは7:30〜16:30）
- 休　無休
- ジップライン$149.95（所要2.5時間）、シングルツアー$74.95〜、アドベンチャー・パッケージ$149.95〜
  ※ほかにワイキキからの送迎付きパッケージあり
- WEB　www.kualoa.jp

№006 完熟のおいしさをその場で味わう！70種類が実るフルーツ農園へ

Hauoli Farm Fruits Tour
ハウオリファーム・フルーツツアー

　ハワイの植物に関してはちょっとばっかり詳しいつもりでしたが、ここへ来たら初めて聞く名前、見るものがなんとたくさんあることか。おなじみのマンゴー、リリコイ、ライチ、ブレッドフルーツに加え、アボカドだけでも数種類、サワーソップ、アラサボイ、マメーサボテ、リップスティックツリーなどなど、その数70種類以上。もとはパイナップルの試験場だった土地で、"やまちゃん"こと果樹園担当だった山崎守さんが果樹栽培を始めたのは30年前のこと。いろいろな種類を試すうち、こんなに増えてしまったのだそうです。

　季節によってフルーツの種類は異なり、少しですが完熟したものを自分でもいで食べることも。なかなか見る機会がない花もあり、「この花からこんな実が!?」と新発見にわくわくしっぱなし。約1時間の農園ツアーの後は、自家製のフルーツティーとハンバーガーでランチタイム。農園で収穫されたナスやオクラのグリルは、ちょっぴり塩をかけて食べるだけで驚くほどおいしく、好奇心もお腹も、いっぱいに満たされるツアーです。

- MAP P.150／オアフ島
- 95-030 Waihonu St., Mililani
- 808-222-0429（フルール）
- 10:00 ～ 14:00（所要約4時間）
- 休 土・日曜
- $120（ワイキキからの送迎、ハンバーガーまたはホットドッグの農園ランチ付き）※最少催行人数4名
- WEB ameblo.jp/fleurhawaiitour

案内をしてくれる山崎さんご一家。200本近い実がなるバナナの木をまるごとカットする、豪快なデモンストレーションも楽しみ。

ツアー後は、ハンバーガーと野菜のグリル、自家製のフルーツティーを味わえます。

サントル
なかにはハート型の種。ふかし芋のようなホクホクとした味わいです。

ホバベリー
ジャムにも使われる小さくてかわいいベリー。

アマゾンカスタードアップル
爽やかな酸味があり、農園自家製のジャムもおいしい。

ジャックフルーツ
ひと抱えもある大きな実のなかに、小さな袋状の果実がたくさん並んでいます。

リップスティックツリー
実をつぶして口の周りに塗ると、まっ赤になることから付いた名前。山崎さん、似合います！

アボカド
数種類の異なる品種を栽培。ハワイのアボカドはとってもクリーミーでおいしい。

ピタヤ（ドラゴンフルーツ）
こんなに大きい実を見たのは、初めて！白、赤のほか黄色もあるそう。

スターフルーツ
星型が美しく、梨のようなシャキシャキした食感を楽しめます。

Chapter 1 / SPOT & ACTIVITY

№ 007 ホームステイで ハワイ料理と英語をマスターする

DEEP

滞在中のゲストに交じって、ハワイの蒸し料理ラウラウ作りを体験！

料理ができあがったら、コアウッドのアンティークテーブルが置かれたダイニングでディナーを楽しみます。

Homestay with Chef ホームステイ・ウイズ・シェフ

　高台に建つ白亜の邸宅は、ご主人のフのフランキーさんが自らの手で建てたもの。理想の家が完成するまで10年近くかかったといい、グランドピアノが置かれたリビング、床を掘り下げたソファスペース、マカハの海を一望できる大きな窓、プロ仕様のキッチンなど、隅々までこだわりがぎっしり詰まっています。

　滞在中のスケジュールをアレンジしてくれるのは、奥様のチエミさん。週5回、料理教室を兼ねてディナーを作って食べるほか、フラ、キルト作り、サーフィンなどを体験したい場合は、近くのハラウ（教室）やインストラクターを紹介してくれます。チエミさんがワイキキで開催する料理教室に合わせ、週に何回かホノルル方面へ連れて行ってもらえるので、レンタカーがなくても不便はありません。

　海へ出かけるもよし、部屋でただの〜んびり過ごすもよし。こんな場所で1カ月間、料理と英語を学びながらハワイ暮らしができたら、夢のようだと思いませんか？　カレンダーを眺めながら、いつか実現できないものかと思案中です。

MAP P.150／オアフ島
🏠 Casa Della Dolce Vita,
84940 Moaelehua St., Waianae
☎ 808-206-5258
💲 1カ月315,000円（室料、食事、料理と英語のレッスン料、料理本4冊、手作りの包丁、空港までの送迎込み。2名滞在の場合、1人は半額。アクティビティは別料金）
WEB sites.google.com/site.casadelladolcevita

フランキーさんとチエミさん夫妻。

1. 大きな窓から広がる景色は1枚の絵のよう。2. 床を掘り下げたリビングは、フランキーさんの長年の夢だったのだそう。3. セキュリティが常駐するゲート内だから治安も心配なし。4. ホームステイ用の部屋は2名で滞在しても余裕の広さ。

ハワイ最大のロースターを持つ工場。ローストから袋詰め、手作業で箱詰めするプロセスまで見学できます。

ショップに併設するカフェもいい感じ。

№008 ハワイみやげの定番！ライオンマークの工場見学

Lion Coffee Factory Tour
ライオン・コーヒー・ファクトリーツアー

ファクトリー限定特大パック $15.95 と、レギュラーパック $6.99

　工場見学と聞くと、じっとしていられない"工場見学マニア"です。ハワイみやげでおなじみ、ライオンマークのコーヒーを製造する工場のファクトリーツアーは、二回目の参加。初めて訪れた5年前より設備がぐんと新しくなっていました。
　1864年、アメリカ本土で誕生し1979年、ハワイへ移転したライオンコーヒーは、全米最古のコーヒーブランド。甘い香りのフレーバーコーヒーを初めてハワイに紹介したのはここ。希少なコナコーヒーを世界で一番たくさん買い付けているのも、ほかならぬこの会社なのだそう。

製造過程とともに、歴代のパッケージが並ぶ博物館のような部屋も公開され、老舗の歩みがすべてわかります。
　試飲コーナーではバリスタによる日替わりブレンドが楽しみ。コーヒー好きにとって、魅力いっぱいのスポットです。

MAP P.151 ／オアフ島
1555 Kalani St., Honolulu
808-847-3600
月〜金曜10:30 〜、12:30 〜の1日2回（所要約30分、日本語ツアーは月・水・金曜の実施） ※10名以上は要予約
休 土・日曜　$ 無料
WEB www.hawaiicoffeecompany.com/tours-japanese

約1時間のツアーですが、フレッドさんが興に乗れば2時間近くになることも↓

No 009 名器の製造工程とレジェンドの情熱的な語りに時間を忘れる

Kamaka Hawaii Factory Tour
カマカ・ハワイ・ファクトリーツアー

ネット予約し、工場で購入することができます。

世界的に活躍するミュージシャン、ジェイク・シマブクロが愛用することでも知られるウクレレ、カマカの創業は1916年。そのファクトリーで、ウクレレがハワイで誕生したエピソードに始まり、100年に及ぶ社の歴史を情熱的に語ってくれるのが、2代目オーナーのフレッドさんです。すでに90歳を超えたご高齢ゆえ、毎回おでましというわけにはいきませんが、体調がいい日はガイド役を務め、予定時間を大幅に超える大サービスで工場内を案内してくれます。

カマカのウクレレはその人気ゆえ、ワイキキの専門店でも入荷数が限られ、購入はほとんどが予約制。ならばと、本社に直接予約し、完成を待ってハワイを訪れ、ファクトリーに受け取りに来て工場見学をする人もいるそう。自分のウクレレの製造現場を見れば愛着もひとしお。フレッドさんの名調子も、ぜひ一度聞いておきたいものです。

MAP P.152／ホノルル
550 South St., Honolulu
808-531-3165
火～金曜10:30～11:30
（所要1時間、延長する場合あり）
休 土・日曜　無料
WEB www.kamakahawaii.com

№010 ハワイの出雲大社で御朱印をいただく Hot

Izumo Taishakyo Mission of Hawaii
ハワイ出雲大社（出雲大社ハワイ分院）

1906年に創建され、何世代にもわたり日系人の心のよりどころになってきたハワイ出雲大社。110年を迎えるこの年に頂いた御朱印は特別です。

　日系人が多く暮らすハワイには、日本と同じ神社がいくつかあり、そのひとつがハワイ出雲大社です。じつは島根県出身の私。島根の出雲大社には何度も足を運んでいますが、ハワイの分院に参拝したのは今回が初めて。早朝、本殿で執り行われる祈祷に参列し授与していただいた御朱印は、きりりとした墨文字に添えられたまっ赤なハートが鮮やか。厳かななかにも南の島らしいおおらかさが伝わってきます。

　「参拝の方にのみ、1冊ずつ手書きでお渡ししています。おみやげではないので、おひとりに何冊も授与することはできないのです」と神職の天野大也さん。自ら足を運び、参拝していただくからこそ、ご利益にあやかれるというもの。近ごろの御朱印ブームでツーリストが増え、時間がかかることもあるそうですが、境内の清々しい空気を吸いながら待つこととしましょう。

MAP P.152／ダウンタウン
215 North Kukui St., Honolulu
808-538-7778
8:30〜17:00（社務所受付時間）
休 無休

鳥居をくぐると思わず身が引き締まります。

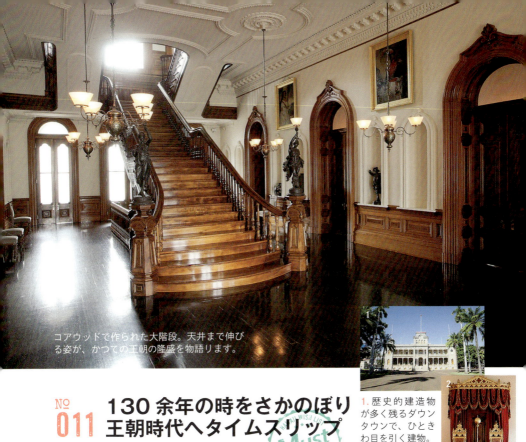

コアウッドで作られた大階段。天井まで伸びる姿が、かつての王朝の隆盛を物語ります。

1. 歴史的建造物が多く残るダウンタウンで、ひときわ目を引く建物。
2. 豪奢な椅子が残る玉座の間。

№ 011 130余年の時をさかのぼり王朝時代へタイムスリップ

Iolani Palace
イオラニ宮殿

　アメリカで唯一、現存する王宮は1882年、カラカウア王の住まいとして建てられました。「メリーモナーク」(陽気な王様)のニックネームで親しまれ、新しいもの好きで知られた王は、世界一周の旅の途中で立ち寄ったパリ万博でエジソンの発明による電球の存在を知り、執務室に電灯を灯しました。まだホワイトハウスにも電気が引かれていなかった時代のこと、このエピソードからも当時の王朝の勢いがよくわかります。

　しかし、宮殿完成からわずか11年後の1893年にハワイ王朝は消滅。後継だったリリウオカラニ王女は宮殿内に幽閉されたのち一市民となり、生涯を終えました。かつての栄光と悲しい結末が同居する宮殿。物音や人の声が高い天井に吸い込まれるのにつられ、王朝時代に引き込まれていくような錯覚に陥ります。

- MAP P.152／ダウンタウン
- 364 S.King St., Honolulu
- 808-522-0832
- 9:00〜16:00 (日本語ガイドツアーは月・金曜 11:30〜) 休日曜
- オーディオツアー $14.75、ガイド付きツアー $21.75 (要予約)
- www.iolanipalace.org

南国の木々が陰を落とす、とても気持ちいいキャンパス。

1.2. 図書館、カフェテリアも自由に出入りできます。 3. 人気のロゴグッズは左から $6、$24、$5。

№ 012 憧れのキャンパスで学生気分を味わう

DEEP MANIAC

University of Hawaii at Manoa Campus
ハワイ大学マノア校

学生時代に戻った気分を味わいました。

　ハワイ大学 (University of Hawaii) のことを、ロコたちは親しみを込めて「UH (ユーエイチ)」と呼びます。マノアにあるキャンパスは、シャワーツリーやプルメリアの木々が茂る緑豊かな場所。学生でなくても自由に出入りでき、日本の大学でいえば生協にあたるブックストアやカフェテリアを利用したり、2カ所ある図書館の蔵書閲覧やパソコンも使える、とてもオープンなキャンパスです。

　UHでは、かつて作家の村上春樹氏に名誉博士号を授与し、定期的に講義が行われていた時期があります。学生たちは氏の研究室を訪れ、ディスカッションする機会もあったというのですから、なんとうらやましい環境でしょう。

　初めてだと、どこを訪れればいいのか迷うほど広いキャンパス。現役学生が案内してくれる無料のツアーがあるので、参加してみるのもいいですよ。

MAP　P.153／ホノルル
🏠　2500 Campus Rd., Honolulu
📞　808-956-7236
※ツアーは月・水・金曜の14:00より実施、予約不要（夏休みとテストシーズンはなし）　日本語ツアーの問い合わせ：kandajus@hawaii.edu
🌐　manoa.hawaii.edu

まず、好きな貝を選びます。

貝にワイヤーを取り付ける力加減が難しい！

約1時間でできあがり。このあとチェーンを付けます。

N₀ 013 幸せを運んでくるネックレスを手作りする

Hale Hana Waikiki
ハレハナ・ワイキキ

　美しいグラデーションが朝焼けにも似ていることから名づけられたサンライズシェル。その昔、マナ（聖なる力）が宿ると信じられ、ハワイの王族だけが身に着けることを許されたそう。幸福を運んでくるともいわれるその貝を使って、ネックレス作りを体験できる教室です。

　サンライズシェルは、とってもデリケート。力加減を誤ると割れてしまうため、1回目はイミテーションでワイヤーの取り付け方を練習します。これがなかなか難しく、ワイヤーが緩めだと貝が抜けてしまい、強すぎるとパリンと割れそうで怖い。1回目はうまくできず、結局2回練習して本番となったのですが、先生いわく、「2回練習した人は、初めてです（笑）」

　慣れない道具と汗だくで格闘した末、ようやく完成したペンダントヘッド。多少、不格好ではありますが、必ずや幸せを運んできてくれるに違いない!?

- MAP　P.154／ワイキキ
- 307 Lewers St., Suite 202, Honolulu
- 808-312-2021
- 11:00～20:00　休 日曜
- サンライズシェル・ネックレス製作$95（火・木・金曜）、スノードーム製作$38～
- WEB　www.halehanawaikiki.com

かつて王家のヤシ園があったロイヤルグローブで行われるフラレッスン。通りすがりに途中から参加する人もいます。

ウクレレ、楽譜は用意され、先着25名限定。買ったばかりのマイウクレレ持参の人も。

NO 014 初めてのフラ＆ウクレレ体験を無料で

Royal Hawaiian Center
ロイヤル・ハワイアン・センター

　ハワイへ行ったら一度は体験してみたいフラとウクレレ。ワイキキの中心、ロイヤル・ハワイアン・センターで催されるレッスンは誰でも参加でき、しかも無料。初めての人、試しにちょっとだけかじってみたい人に、ぴったりです。

　ヤシの木陰で催されるフラレッスンでは、雨、虹、愛など、自然や心を表す基本的な手の動きを教わり、ステップを練習。この動作を少しずつつなげていき、最後に1曲通して踊ります。中間姿勢が多いので足腰が鍛えられる感があり、うっすら汗をかくほどの運動量です。

　もう一方のウクレレレッスンは冷房が効いた室内で行われます。基本的な4種類のコードを練習し、最後にハワイアンソングをみんなで演奏して終了。

　どちらも約1時間。ショッピングの合間に気軽に立ち寄れる気軽さが魅力です。

🗺 P.155／ワイキキ
🏠 2301 Kalakaua Ave., Honolulu
　（ロイヤル・ハワイアン・センター1F）
📞 808-922-2299（ゲストサービス）
🕐 フラ：月・火・金曜10:00～11:00、
　水曜16:00～17:00（ロイヤルグローブ）、
　ウクレレ：火・木・金曜12:00～13:00
　（ゲストサービスにて10:00より予約チケット配布）
🌐 jp.royalhawaiiancenter.com

No. 015 スカート持参でステップアップのフラレッスン

Waikiki Community Center
ワイキキ・コミュニティ・センター

フラのコンペで優勝経験もあるナラニさんが指導。その美しい動きとともに、生歌、生演奏にも感動！

「初心者ばかりの無料のレッスンじゃ、もの足りない」というすでにフラ経験がある人にオススメなのが、地元の人向けに各種講座が開かれるコミュニティセンターの中級レッスンです。

開始の挨拶もそこそこに、先生がイプヘケ（フラの楽器）を叩き歌い出すと、みんな一斉に踊り始めます。これがウォーミングアップ。2曲続けて踊ったら休憩を挟み、その後は曲の合間に手の動きやステップを確認しながら次の曲へ。

初めての参加だとちょっと緊張するかもしれませんが、最前列に陣取った上手な人たちの動きを真似ながら体を動かしていると、いつの間にか会場中がひとつになっていくような一体感に包まれてくるのがわかります。みんなのびのびとエネルギッシュで楽しそうなこと。フラ用のパウスカートを持参すると、気分がいっそう盛り上がること間違いなし！

- MAP P.155／ワイキキ
- 310 Paoakalani Ave., Honolulu
- 808-923-1802
- 月曜 9:00～10:30
- $10（会員は$5）
- www.waikikicommunitycenter.org/whats-happening/activities

経験者対象の中級クラス。ほかに基本的な動きから指導する初級クラスもあります。

No.016 3年ぶりに蘇ったワイキキの歴史スポットへ

International Market Place
インターナショナル マーケットプレイス

かつてカラカウア通りにあった看板を保存し、3階のグランドラナイに掲げています。

　カラカウア通りを見下ろすように立つ、バニアンツリーの下にあった屋台村を覚えていますか？　しばらくシートに覆われ存在を忘れかけていたら、洗練されたショッピング・モールとして生まれ変わった姿を見せてくれました。

　正確には2014年の閉鎖から足掛け3年の工事を経て2016年8月、リニューアルオープンしたインターナショナル マーケットプレイス。ここは1950年代、テキサス州生まれのアメリカ人、ドン・ビーチ氏がティキバーと呼ばれるスタイルのレストランをオープンし、ワイキキ全盛時代の先駆けとなった場所でした。ワイキキのランドマークともてはやされた場所に、安っぽいみやげ物を扱う店が増えてきたのは80年代以降のこと。コアなファンは訪れるものの、雑多で怪しげな雰囲気から、いつの間にか時代に取り残されたようになっていたのです。

　シンボルでもある樹齢150年を超えるバニアンツリーはそのままに、この木を生かす設計が考えられ、ドン・ビーチ氏が暮らしたツリーハウスもインターナショナル マーケットプレイスの歴史を紹介する資料館として公開されています。

ウッドデッキに置かれたコアウッドのロッキングチェア。心地ちよい風に吹かれていると時間を忘れます。

1. 樹齢150年を超えるバニアンツリーは変わらぬシンボル。2. 創業者のドン・ビーチ氏が暮らし、ラジオ局もあったツリーハウス。

休憩ができる椅子の近くに、コンセントやUSBボードを設置。

　カラカウア通りとクヒオ通りに挟まれ、海から山へ風が抜けるこの場所は、空気の流れがとても気持ちよいのです。ハワイ初出店のショップやレストランも楽しみですが、敷地内のあちこちに置かれたベンチや、コアウッドのロッキングチェアに揺られくつろいでいると、それだけでハワイにいる幸福感を味わえますよ。

ハワイの歴史を紹介するパネル。URコードから日本語の紹介にアクセスできます。

- MAP　P.155／ワイキキ
- 2330 Kalakaua Ave., Honolulu
- 808-931-6105
- 10:00 〜 23:00（店舗によって異なる）
- 無休
- WEB　ja.shopinternationalmarketplace.com

中庭を囲むようにカフェやデリ、サーフショップがあります。

ノスタルジックタウンに新しい建物が溶け込んでいます。

NO 017 ノースショアの新名所でハレイワの魅力再発見！

Haleiwa Store Lots ハレイワ・ストア・ロッツ

　サーファーの聖地としても知られるノースショアのハレイワは、サトウキビ・プランテーション時代の面影が残るノスタルジックタウン。そのハレイワにショッピングコンプレックスが誕生したのは2015年5月のこと。なかなかじっくり見る機会がないままだったのですが、久しぶりに訪れ町を歩いてみました。

　個人商店みたいだった建物がショッピングモールに建て替わり、そっけない雰囲気になってしまったのでは……なんて不安があったものの、新しい建物が古い町並みにいい感じになじんでいるではありませんか。雨が降るとぬかるみができていた中庭や駐車場がきれいに整備されたことも大きな変化で、名物のシェイブアイスをゆっくり食べられるようになりました。これからはノースを訪れたら、ハレイワでの滞在時間が確実に増えそう。

P.150／ハレイワ
66-111 Kamehameha Hwy., Haleiwa
808-585-1770
店舗により異なる　休 無休
www.haleiwastorelots.com

Haleiwa Town

Close Up!

ハレイワ・ストア・ロッツの登場で、楽しみ方がバージョンアップしたハレイワ。ぶらぶら散策するだけでも楽しいところですが、外せないスポットはこのふたつ！

Matsumoto Shave Ice
マツモト・シェイブアイス

いわずと知れたハレイワの名物店。1951年、日系移民のマツモト氏が食料品と雑貨を扱う店として創業し、ハワイ版かき氷シェイブアイスの生みの親と呼ばれています。シロップの数は40種類以上。ロコアーティストがデザインしたオリジナルTシャツやロゴグッズのセンスもよく、ついついお買いものにも夢中になってしまう店です。

- MAP P.150／ハレイワ
- 66-111 Kamehameha Hwy., Haleiwa（ハレイワ・ストア・ロッツ#605）
- 808-637-4827
- 9:00～18:00　休 無休
- WEB matsumotoshaveice.com

1. ハレイワで人気ナンバーワンを誇る店。2. カラフルなフルーツシロップのほか、抹茶シロップに白玉をとピングした和風メニュー$6も人気。

Number 808
ナンバー808

ニューヨーク、サンフランシスコ、ハワイのローカルデザイナーによるセレクトアイテムとともに、50年代のハワイアンファブリックやアンティーク雑貨の掘り出し物が見つかり、新旧のミックス具合が楽しい店。ブルックリン在住の日本人陶芸家が、この店のためにデザインして焼いた陶器など、ほかにはないレアなアイテムにも注目！ ハレイワ・ストア・ロッツから少し離れますが、ぜひチェックを。

1. クッションカバー$110。2. サーフファッションからインテリアまで豊富にセレクト。3. ノースショアをイメージして焼かれた陶器。

- MAP P.150／ハレイワ
- 66-165 Kamehameha Hwy., Haleiwa
- 808-312-1579
- 11:00～18:00　休 無休
- WEB number808.com

シュノーケリングスポットとして人気のハナウマ湾。

左から、ワイマナロ・ビーチ、ワイキキのヒルトン前に広がるデューク・カハナモク・ビーチ、「天国の海」のニックネームをもつラニカイ・ビーチ。

N〇 018 全米ベストビーチをホッピング！ DEEP MANIAC

America's Best Beach
全米ベストビーチ

　ハワイのガイドブックで見かける"全米ナンバーワンに輝くビーチ"のコメントに、「そもそも誰が決めているの？」と思ったことはありませんか？

　毎年5月に発表される「America's Best Beach」とは、"Dr.ビーチ"ことアメリカの環境学博士、ステファン・レザーマン氏が全米50カ所のビーチについて水質や砂質など50項目を調査し、決定しているもの。過去26回中、ハワイ全島から15回選ばれています。フロリダなどの強豪(？)を押さえての結果ですから、ハワイの海の美しさはやっぱり特別なんですね。

　2016年はハナウマ湾、2015年はワイマナロ・ビーチ、2014年はデューク・カハナモク・ビーチと、オアフ島が3年連続受賞。「ハワイ一美しい」と絶賛されるラニカイ・ビーチは、1996年の受賞です。これらのビーチを制覇して"ハワイのビーチ博士"を目指しましょう！

MAP ハナウマ湾　Hanauma Bay
P.151／オアフ島

MAP ワイマナロ・ビーチ　Waimanalo Beach
P.151／オアフ島

MAP デューク・カハナモク・ビーチ
Duke Kahanamoku Beach
P.154／ワイキキ

MAP ラニカイ・ビーチ　Lanikai Beach
P.151／オアフ島

ワイキキから眺めるおなじみの姿とはまるで違う姿です。

ココ!

NO 019 ダイヤモンドヘッドを見下ろしてみる

DEEP MANIAC

Koko Head Trail
ココ・ヘッド・トレイル

空に向かって一直線に伸びるハシゴは、その数1048段！ クレイジーなトレイルランナーたちが往復の時間を競うことで知られます。

　ハワイのシンボルでもあるダイヤモンドヘッドは、活動を休止して15万年が経つ休火山。特徴的な頂上付近の姿はマグロの額にもたとえられます。ワイキキ・ビーチからはその半分くらいしか見ることができないため、せっかくなら頭から尻尾の先まで、全身を眺められる場所に出かけてみましょう。

　爽快なパノラマビューを楽しめるのが、「心臓破りの階段」として名高いココ・ヘッド・トレイル。なかなかハードなコースですが、そのスリル感と頂上を制覇したときの爽快感は格別。ワイキキの反対側から見下ろすダイヤモンドヘッドは、まるで海に突き出した城塞のよう。

　ダイヤモンドヘッドの標高は232mと、さほど高くありません。ワイキキの近くならカピオラニ公園から全景を、マノアやタンタラス周辺のトレッキングコースにはクレーターの中までのぞき込めるスポットもあります。見る角度によってさまざまに変わる姿を愛でるのは、なかなかマニアックな楽しみ方なのです。

MAP P.151／オアフ島
Koko Head District Park, 423 Kaumakani St., Honolulu

№020 ワイキキの近くに穴場ビーチを見つける

Kahala Beach
カハラ・ビーチ

ビーチへ抜ける小路がいくつかあり、ここからのアクセスがオススメ。

「ワイキキの近くに、静かに過ごせるビーチはないの？」と探していたら、こんな素敵な穴場ビーチを見つけました。

　場所は、高級住宅街のカハラ。瀟洒な住宅の脇からビーチにアクセスできる小径は、「天国の海」と呼ばれるラニカイ・ビーチにも似ています。ツーリストの姿はほとんどなく、見かけるのはカップルや犬連れでのんびり散歩を楽しむご近所さんばかり。じつはここ、雑誌のモデル撮影にもよく使われる、ハワイのフォトグラファーやコーディネーターさんおすすめのスポットなのです。

　駐車場やシャワー設備はなく、ライフガードはいないので安全は自己管理で。少し離れたワイアラエ・ビーチパークまで行けば設備が整っていますが、穴場の雰囲気を味わうならやはりこちら。かのラグジュアリーホテル『ザ・カハラ』まで歩いていくこともできるので、ブランチやアフタヌーンティーを楽しむついでに立ち寄ってもいいですね。

MAP P.151／オアフ島

ワイキキからは車で10分ほど。隠れ家ビーチの雰囲気を味わえます。

1.2. フェイシャル、ロミロミ、アロマテラピーなど好みのメニューを組み合わせてリクエストできます。

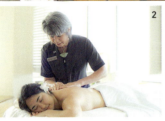

3. 気に入ったスパアイテムは購入可能。左から、ドライスキンにおすすめのオイル $108、高いアンチエイジング効果で知られる『Skin Ceuticals』のビタミンC美容液 $163 とクリーム $161。

オリジナルのマカダミアナッツチョコ $25 はおみやげに。

№021 波の音に癒されスパタイムを過ごす

Must POPULAR HAWAII

Moana Lani Spa
モアナ ラニ スパ

　ワイキキのなかで、意外にもオーシャンフロントのスパはここだけ。「ワイキキのファーストレディー」と呼ばれる『モアナ サーフライダー』のスパです。

　予約があればスパ施設を一日中使えるので、私はトリートメントの前後にたっぷり時間をとって訪れることにしています。波の音を聞きながらラウンジでまどろんだり、ジャグジーに浸かったり。意外に知られていませんが、ホテル内のレストラン『ザ・ベランダ』からアフタヌーンティーセットを届けてもらうこともでき、すっぴんでバスローブにくるまって楽しむティータイムは格別！

　アフタヌーンティーは前日までに予約が必要。またジャグジー用に水着の持参も忘れずに。紙のショーツ＆ブラが用意されていますが、これが少々頼りないシロモノ。心おきなくくつろぐためにも、事前の準備を怠りなく。

MAP P.155／ワイキキ
2365 Kalakaua Ave., Honolulu
（モアナ サーフライダー
ウェスティン リゾート＆スパ2F）
808-237-2535（予約専用）
8:00 ～ 22:00　休 無休
WEB jp.moanalanispa.com

N^O 022 トライクに乗って ビーチラインを駆け抜ける

Aloha Trikke
アロハ・トライク

イヤホンでガイドさんの楽しいトークを聞きながら、海沿いの遊歩道を走ります。

「トライク」とは電動で走る立ち乗り三輪車のこと。今、このツアーがハワイでじわじわ人気が高まっていると聞き、参加してきました。じつは、まったく勘違いをしていて、スポーツジムにあるクロストレーナーのように、ペダルを前後に踏んで走ると思い込んでいたのです。「これでダイヤモンドヘッドの麓まで行くのは、けっこう体力いるわ……」と。ところが実際に乗ってみたら、右手ハンドルのスロットルを回すだけでスピードアップ。三輪走行なので安定感があり、自転車よりラクに、スクーターより安全に街乗りを楽しめます。

参加したツアーは、ワイキキのメインストリートをカピオラニ公園目指して走り、ダイヤモンドヘッドの麓を巡るドライブウェイへ。ビーチを見下ろしながらぐんぐん坂を上り、灯台の先にある展望台でブレイクタイム。ここは、冬になるとハワイ沖に集まってくるクジラを眺められる人気スポットです。その先の住宅街にある秘密のビーチが折り返し地点。

ビーチラインを駆ける爽快感とともに、街ゆく人たちの視線を浴びるのはなかなか気分がいいもの。次はサンセットツアーで再びその爽快感を味わいたい！

- MAP P.155／ワイキキ
- 131 Kaiulani Ave., Honolulu（キングス・ビレッジ2F）
- 808-926-3090
- 7:00 ～ 21:00
- 休 無休
- $ ダイヤモンドヘッド・トライクツアー $120、ダイヤモンドヘッド・サンセット・トライクツアー $120、マジック・アイランド・トライクツアー $100ほか（各コース、所要約2時間） ※要予約、参加は13 ～ 65歳まで（そのほかの年齢は要相談）
- WEB www.alohatrikke.com

1. ダイヤモンドヘッド灯台を過ぎ、さらに展望台と秘密のビーチを目指します。

2. 安全な場所で操作方法の練習をしてからスタートするので、初めてでも安心して参加できます。 3. 展望台から見下ろすダイヤモンドヘッド・ビーチ。

023 サンセットに癒されるSUPヨガ

Kapalili Hawaii
カパリリ・ハワイ

ドラマチックなサンセットを眺めながらヨガレッスン。

　ハワイのヨガはブームというより、すっかり定番。朝ヨガ、ビーチヨガ、サンセットヨガ、さまざまなシチュエーションがあるなか、海に浮かべたSUPボードの上で行われるレッスンに今、注目です。リラクゼーション効果が高いうえ、インナーマッスルとバランス感覚が鍛えられ、ウミガメと遭遇できるチャンスもあるというお楽しみ付きも、人気の理由です。

　サンセットタイムから始まるクラスは、空と海が少しずつ赤く染まっていくのを眺めながら行われます。あたりが暗くなってくるにつれ、気持ちがどんどん穏やかになっていくのがわかるはず。ヨガのあとは、ボードに付けられたライトの灯りを頼りにクルージング。幻想的な海を眺めていると、悩みも疲れも不要なものがぜ〜んぶ海に流れ出ていくよう。このクラス、参加するなら花火（P.44）を眺められる金曜日がおすすめです。

MAP P.152／ホノルル
☎ 808-485-9609
🏠 アラモアナ・ビーチのマジック・アイランド寄り
$ ナイトSUPクルージング$138、SUPヨガ$58
WEB kapalili.com

不安定なボードの上ではバランス感覚も必要。波の音に癒されながらも、鍛えられている実感あり。

ワイキキ・ビーチからダイヤモンドヘッド沖までのクルーズはネットの上が特等席。冬はクジラに遭遇できるかも？

№ 024 ちょこっと沖まで お手軽クルーズ

Must

Holokai Catamaran
ホロカイ・カタマラン

1. サンセットタイムは予約を。金曜日の夜には花火を楽しめます。2. 双胴船は揺れが少ないのが特徴。

　ワイキキ・ビーチに停泊する、2隻の小舟を並べた形のヨットをカタマランといいます。1時間半〜2時間のショートクルーズが1日に3〜4回出航するので手軽に乗船でき、船酔いが心配な人にもオススメ。ディナー付きの豪華船もいいけれど、$50程度で楽しめる手軽さが「ちょっと時間があるんだけど、なにしようかな」なんてときにもってこいなのです。

　乗船したのは2015年に新造船されたこのホロカイ・カタマラン。船内はきれいで、カクテルやビールが飲み放題。トイレも備えているので安心です。定員に余裕があればその場で乗れますが、人気が高いサンセットタイムは予約しておくほうが確実です。

　ほかにもいくつかのクルーズ船が出航していて、小さな船はもっと安く乗れます。盛大な波しぶきを浴びてスリル感を味わいたい人は、そちらへどうぞ。

MAP P.154／ワイキキ
ワイキキ・ビーチのアウトリガー・リーフ・ワイキキ前より出航
808-922-2210
サンセットセイル：17:00 〜約1.5時間$55、ファイヤーワークセイル：金曜19:00 〜約1時間$50、トレードウインドセイル：15:00 〜約1.5時間$35
休 無休　WEB www.sailholokai.com

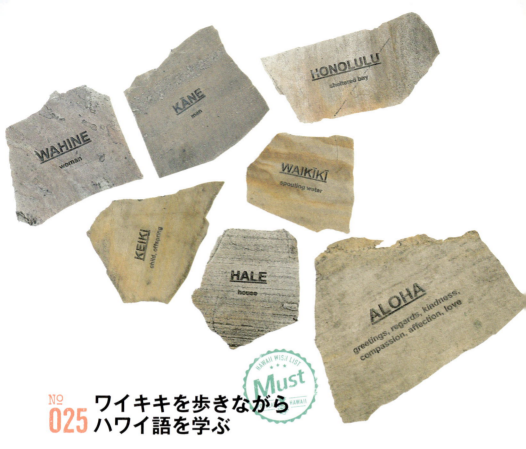

N⁰ 025 ワイキキを歩きながらハワイ語を学ぶ

Hawaiian Words on Kalakaua カラカウア通りのハワイ語

　ハワイ語、いくつ知っていますか？あいさつ代わりに使われる「ALOHA」は、こんにちは、さようなら、ありがとう、など、あらゆる親愛の気持ちを伝えることができる言葉。「KANE」は男性で、「WAHINE」は女性。知っているとお手洗いを探すときにスムーズです。子ども連れなら「KEIKI」を覚えておきましょう。「KEIKI Menu」、「KEIKI Room」など子ども向けのサービスをチェックできます。

　ハワイの公用語は英語ですが、ハワイ語もまた州の公用語として認定されていて、アメリカ50州のなかで先住民族の言葉が公用語となっているのは唯一、ハワイ州だけなのだそうです。

　このハワイ語を手っ取り早く学べるスポットが、ワイキキのメインストリート、カラカウア通り。交差点の歩道に、代表的なハワイ語とその意味が英語で刻まれているのを見つけることができます。ワイキキの交差点で信号待ちをするときは、足元に目をやりハワイ語のお勉強を。いくつ見つけられるか、数えてみるのもなかなか楽しいですよ。

MAP P.154〜155／ワイキキ
Kalakaua Ave., Honolulu
（カラカウア通り、ワイキキ中心部山側の交差点と、フォート・デルッシ公園前）

中庭はこのとおり、着飾ったロコで埋め尽くされます。

毎月、内容が変わり、この夜は中国の歴史がテーマ。

月1回のスペシャル感からか、デートスポットとしても人気。

バーコーナーとカフェではイベントテーマに合わせたフードやカクテルがふるまわれます。

N0.026 夜の美術館でロコと弾ける！

DEEP MANIAC

Honolulu Museum of Art ～Art after Dark～
ホノルル美術館　～アート・アフター・ダーク～

　普段は静かな美術館にドレスアップしたロコが集まり、パーティー会場のごとき熱気に包まれるのが毎月1回、最終金曜日の夜に開催されるこのイベント。毎回、異なるテーマのもと中庭の特設ステージでパフォーマンスが披露され、DJブース、写真撮影スポットも登場します。ダウンタウンに近いこの美術館は、ピカソ、モネ、ゴーギャンなど、誰もが名前を知っている有名画家の作品を所蔵。東洋、西洋、ポリネシア、イスラムの美術品も収められ、隅から隅までじっくり鑑賞しても疲れない、ほどよい広さが魅力です。昼間のミュージアムカフェも気持ちよくて、街の喧騒を逃れひととき過ごすにはもってこいの場所です。

　でももし最終金曜日、ホノルルにいるなら、間違いなくロコと一緒に盛り上がるほうを選びますよね。

- **MAP** P.152／ホノルル
- 900 S.Beretania St., Honolulu
- 808-532-8700
- 10:00～16:30(日13:00～17:00) ※Art after Darkは毎月最終金曜18:00～21:00の開催
- **休** 月曜
- **$** 入館料$10、Art after Dark開催時は$25
- **WEB** www.honolulumuseum.org

ダイヤモンドヘッドと花火の競演。ワイキキからでは決して見えない景色です。

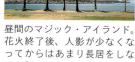

昼間のマジック・アイランド。花火終了後、人影が少なくなってからはあまり長居をしないように。

No 027 週末名物の花火を眺めに行く

HAWAII WISH LIST **Must** POPULAR HAWAII

Friday Night Fireworks
金曜夜の花火

　毎週金曜日の夜、『ヒルトン・ハワイアン・ビレッジ』のビーチから打ち上げられる花火は、週末のワイキキ名物。ビーチフロントの高層階にあるレストランやバーでは、「ヒルトンの花火が見える」がウリのお店もあり、そういう場所は当然のこと、窓際の席の争奪戦が起こります。

　でも、予約不要、誰でもタダで花火鑑賞できるスポットがここ。アラモアナ・ビーチ・パークのマジック・アイランドです。花火が夜空を照らすたび、バックにダイヤモンドヘッドのシルエットが浮かび上がり、海に映る花火も幻想的。周辺にはカップル、ビーチマットや折り畳みチェア持参の家族連れ、BBQを楽しむグループの人もいて、そこそこ混雑しますが、場所取りが必要なほどではありません。アラモアナ・センターからは歩いて10分程度なので、ショッピング後に訪れ、それから食事に出かけるプランもいいかも。

　もう少し大迫力で見るなら、ヒルトンのラグーン周辺もオススメです。

MAP P.152／ワイキキ
アラモアナ・ビーチ・パークのマジック・アイランド
毎週金曜19:45 ～約10分間

Chapter 2

SHOPPING

ほしい！ 買いたい！ 26のこと

あれもこれも、ほしいものがいっぱいのハワイではローカル・ブランドにコスメ、スーパーマーケットも気になります。限られた滞在日数で後悔しないショッピングのためにも、事前の情報収集が大切。今、注目すべきお買いものスポットはここ！

女性用のアイテムは、カイルア生まれのロコガール、アリさんがセレクト。

№ 028 お買い物心に火が付くワイキキの注目店へ

Olive & Oliver
オリーブ&オリバー

カップのデザインはロコアーティストによるもの。

　久しぶりにムラムラっとくるお店に巡り合いました。並べられている洋服、雑貨はもちろんのこと、コーヒーバーのカップに至るまで、「お店のもの、まるごとほしい！」と思うほど、なにからなにまで魅力的なのです。

　『オリーブ』と『オリバー』は、カイルアで一番人気のセレクトショップ。それぞれ女性用と男性用のアイテムを扱い、アリさんとパーカーさんという美男美女カップルがオーナーであることでも知られています。その2軒がひとつになってワイキキに出店したのですから、注目度の高さもわかるというもの。ちょっとのんびりしていて、おしゃれな人たちが集まるローカルタウン、カイルアの雰囲気を、そのままワイキキで味わえます。

　ビーチテイストの洋服のほか、ワイキキ店オリジナルのロゴ入りTシャツやパーカー、1点モノの雑貨も要チェック。場所はリニューアルオープンしたブティックホテル『ザ・サーフジャック』（P.136）の1階。わくわくする品揃えに、財布のひもが緩みっぱなしになります。

- MAP　P.154／ワイキキ
- 412 Lewers St., Honolulu（ザ・サーフジャック・ホテル&スイム・クラブ1F）
- 808-921-2233
- 8:00～21:00（コーヒーバーは6:00～）
- 休　無休
- WEB　www.oliveandoliverhawaii.com

ビーチスタイルからシックなカジュアルまで、少し大人っぽい雰囲気が魅力。ファミリースタイルも提案中です。

イケメンオーナーとしても知られるパーカーさん。目下、金曜日は奥さまと交代でお店に出ているそう。

N⁰ 029 洋服からインテリアまで おしゃれにまとめる

Anthropologie
アンソロポロジー

イニシャル入り、陶器製のフック $16〜20。

　ニューヨーク・セレブやおしゃれ上手で知られる著名人が愛用することで知られるライフスタイルブランドは、アメリカのペンシルベニア州生まれ。日本未上陸と聞けば、なおさらほしくなります。

　このアラモアナ店は、全米で第2位の品揃えが自慢。アパレル、アクセサリー、キッチン、インテリアでそれぞれスペースが分かれ、日本へ帰ってからも活躍する洋服のほか、ビーチウエアやハワイのローカルブランドが充実しています。日本人向けに、小さいサイズを扱う「Petit」コーナーがあるのもうれしい限り。

　この店は、お客さんの滞在時間が長いことでも有名。ファッションからインテリアまで、まとめて面倒見てくれるのだから、当然といえば当然です。洋服のコーディネイトとともに、キッチンやベッドルームのディスプレイも参考になるので、じっくりチェックしてみてください。ワイキキのインターナショナル マーケットプレイス（P.30）にも、ほぼ同じ広さの新しいお店がオープンしています。

- 🗺 P.152／ホノルル
- 🏠 1450 Ala Moana Blvd., Honolulu（アラモアナ・センター 3F）
- ☎ 808-946-6302
- ⏰ 9:30〜21:00(日曜10:00〜19:00)
- 休 無休
- WEB www.anthropologie.com

1. お店に入ってすぐ右側はキッチン雑貨のコーナー。
2. インテリアのコーナーには、毎年デザインが変わるキルトカバー目当てに訪れる人も。

3. アンソロポロジーといえば、これ！というほど人気のイニシャルマグ $8 はプレゼント用に。 4. カップの中にもニャンコのイラストがあります $14。

ライフスタイルのコーディネイトができる店。じっくり時間をとって訪れたい。

エスニックテイストのロングワンピース$78。$100以下でおしゃれな洋服が見つかります。

キッチンがぱっと華やぐ雑貨があると、料理の時間が楽しくなります。

Chapter.2 / **SHOPPING**

№ 030 ビーチに行く前に
着心地のいい服をGETする

Must
HAWAII WISH LIST
POPULAR HAWAII

Diamond Head Beach House
ダイヤモンドヘッド・ビーチ・ハウス

　モンサラット通りでひときわ目を引く水色の一軒家は、『ロイヤル ハワイアン』(P.142)にある大人のリゾートスタイルが人気のセレクトショップ『レベッカ・ビーチ』の姉妹店。ビーチアイテムやカジュアルウエア中心のセレクトで、本店に比べ手ごろな価格のものが見つかります。

　根強い人気を誇るのが「フランク＆アイリーン」のコットンシャツ。日本よりお買い得なうえ、新しいデザインがいち早く届くとあって、これをお目当てに訪れる女性は少なくありません。

　場所はダイヤモンドヘッドからワイキキへ下る途中。アサイボウル人気の火付け役『ボガーツ・カフェ』や、ヘルシーな朝食メニューが評判の『サニー・デイズ』など人気店が集まる一角にあるので、朝ごはんのついでに立ち寄り、そのままビーチに出かけるのもいいですね。

MAP P.153／ホノルル
3128-B Monsarrat Ave., Honolulu
808-737-8667
8:00〜18:00（日曜10:00〜17:00）
休 無休
WEB www.diamondheadbeachhouse.com

ビッグサイズのビーチバッグ$110。おしゃれなマザーバッグとして使うママさんもいるそう。

ピンクのステッチがかわいいオリジナルTシャツ$50。

ここからすぐ、ビーチに出かけたくなります。

No 031 ダウンタウンで人気急上昇中の
ショップをのぞいてみる

Echo & Atlas
エコー&アトラス

ハワイの植物がモチーフのレザーポーチ$60と小銭入れ$30。

「日本へ帰ってからも使える洋服や小物を見つけたい」という人は、2016年春にオープンしたばかりのこの店へ。おしゃれ好きの母娘がオーナーで、LAのセレクトショップでキャリアを積んだ娘さんの都会的なセンスが光ります。カリフォルニアを始め、ヨーロッパ、オーストラリア、アジア、中東など世界中からセレクトしたファッションアイテムは、普段の街歩きやオフィスでも活躍するはず。

ハワイの店にしては珍しく、イタリアンブランドが充実しているのも特徴。なかでもコットンの洋服や革製品は肌馴染みがよく、一度使うと手放せなくなりそう。キッチュなアジアン雑貨、遊び心あふれるカードなどの小物類は、ちょっと気が利いたおみやげにぴったりです。ダウンタウンへ出かけたら、ぜひとも立ち寄ってみたい1軒です。

MAP P.152／ダウンタウン
1 N. Hotel St., Honolulu
808-536-7435
11:00 〜 18:00（土曜〜 16:00）
休 日曜
WEB echoandatlas.com

イタリアンコットンのワンピース$150と、「ALOHA」のロゴがアクセントの水着$165。

カラフルなアジアン雑貨も

イタリアンレザーのサンダル$90。とても履きやすくて、街歩きにぴったりです。

N○ 032 カイルアで、キラリと光るショップをクルーズ

おしゃれなビーチタウンとして、ワイキキから多くのツーリストが訪れるカイルア。彼らのお目当てはハワイで最も美しいといわれるビーチとともに、ビーチテイストの洋服や雑貨が揃うセレクトショップ。新しいお店も次々とオープンするなか、定番の人気店からニューショップまで、厳選してご紹介します。

Aloha Superette アロハ・スプレット

ハワイの風景やロゴをプリントしたバッグで人気を博した「サムドラ」のオーナーが開いた店。その最新作とともに、世界中から集めたファッションアイテムやインテリア雑貨が揃います。金・土曜の週末、デザイナーのキムさんが店にいる時だけ取り扱いがあるビーズアクセサリーもかわいいので、要チェックです。

1. 週末だけお目にかかれるキムさんのブレスレット各$34。
2. 「サムドラ」のポーチは$55〜。

MAP P.151／カイルア　438 Uluniu St., Kailua
TEL 808-261-1011　10:00〜17:00　休 無休
WEB www.alohasuperette.com

ニューヨークやメキシコからセレクトしたアイテムが、サムドラの世界観と見事に融合。

Kailua Living カイルア・リビング

カイルアの海や景色をクッションカバーやグラスに一つひとつハンドペイント。手作りの温かみあふれるインテリアグッズで部屋を飾れば、いつでもこの町を思い出せそう。

- MAP P.151／カイルア
- 22 Oneawa St., Kailua
- 808-261-2200
- 10:00〜17:00（日曜11:00〜16:00）
- 無休
- WEB www.kailualivingshop.com

Blue Lani Hawaii ブルー・ラニ・ハワイ

買ってすぐにハワイで活躍するリゾートウエアやアクセサリーが見つかります。目利きの日本人オーナーがセレクトしているので、クオリティも確か。安心して買い物ができます。

- MAP P.151／カイルア
- 45 Hoolai St., Kailua
- 808-261-2622
- 10:00〜17:00
- 無休
- WEB bluelanihawaii.com

Ivory アイボリー

レンタル自転車店の隣りにある小さな店。オリジナルのTシャツやパーカーは、さりげないマリンテイストが魅力。ロコアーティストによるハンドメイドのアクセサリーも並びます。

- MAP P.151／カイルア
- 18 Kainehe St., Kailua
- 808-492-5782
- 11:00〜17:00
- 無休
- WEB ivorykailua.com

Leinaia レイナイア

ピンクのワゴン車では、ハワイでしか採れない希少な貝や自然石を使ったハンドメイドジュエリーを販売。オーナーのマキさんとおしゃべりしながら選ぶのが、また楽しいのです。

- MAP P.151／カイルア
- 130 Hekili St., Kailua
- 808-295-6784
- 10:00〜17:00
- 日・月曜、荒天時
- WEB www.leinaia.com

Island Bungalow Hawaii アイランド・バンガロー・ハワイ

ボヘミアン調の家具や雑貨類は、ハワイ在住のデザイナーが手作りした一点モノが中心。着心地のいいコットンウエアも見つかり、店内を眺めるだけで穏やかな気持ちになる店。

- MAP P.151／カイルア
- 131 Hekili St., Kailua
- 808-536-4543
- 11:00〜18:00
- 無休
- WEB islandbungalowhawaii.com

№033 ニューオープンのデパート・クルーズ

HAWAII WISH LIST Hot UPDATE '17

ホノルルでは今、デパートのニューオープン＆リニューアル・ラッシュ。高級ブランドの洋服や靴、コスメ、おみやげまで高品質のものが揃い、限られた時間でお買い物をするにはもってのデパート。ほかでは手に入らないブランドとのコラボアイテムや、手ごろな価格のプライベートブランドも要チェックです。

Saks Fifth Avenue
サックス・フィフス・アベニュー

ニューヨーク5番街を拠点とする高級百貨店が、『インターナショナル マーケットプレイス』（P.30）のリニューアルオープンに伴い、鳴り物入りでハワイ初上陸。洋服、シューズ＆バッグ、コスメなど取り扱いブランドは1500以上あり、"ハワイでここだけ！"アイテムの宝庫です。英・日・中国語などに対応するコンシェルジュが常駐し、シャワーコーナーまで設置したインターナショナル ラウンジがあるのは世界中でもここだけ。フロアを歩き回るだけで、セレブな気分を味わえます。

MAP P.155／ワイキキ
🏠 2345 Kalakaua Ave., Honolulu
　（インターナショナル マーケットプレイス内）
☎ 808-931-6105
🕙 10:00〜22:00
休 無休
WEB saksfifthavenue.com

インターナショナル マーケットプレイスの中心的な存在。

1. ハワイでもここでしか取り扱いがないブランドが豊富。ローカルブランドの限定デザインも登場。
2. 誰でも無料で利用できるインターナショナル・ラウンジ。

日本でも人気の『Vi-Fusion』のスターターセットは、世界中でここでしか買えません。

Bloomingdale's
ブルーミングデールズ

ニューヨークの高級デパートがアラモアナ・センターにハワイ初出店。世界のハイブランドとともに、ハワイのローカルアーティストのセクションが充実しているのが特徴です。併設のビューティーサロンではプロモーション中のアイテムを2～3点購入すると、無料でエステを受けられるサービスを実施。超人気のプログラムなので、コンシェルジュを通じて早めの予約を入れることをオススメします。オリジナルのチョコレートやキャンディーは、高級志向の人へのちょっと気が利いたおみやげに喜ばれますよ。

- MAP P.152／ホノルル
- 1450 Ala Moana Blvd., Honolulu（アラモアナ・センター　エヴァウイング1～3F）
- 808-664-7511
- 9:30～21:00（日曜10:00～19:00）
- 無休
- www.bloomingdales.com

プライベートブランドのカジュアルファッション「アクア」。

コンシェルジュが常駐するウェルカム・センターのラウンジでは軽食やドリンク・サービスを提供（滞在ホテル限定）。

ハワイ店限定のトートバッグ$26。

Nordstrom
ノードストローム

アラモアナ・センターの拡張エリア、エヴァウイングに移転オープン。シューフィッターが靴選びのサポートをしてくれるシューズコーナーのサービスはそのままに、以前よりスペースは少しコンパクトになったものの、自然光を取り入れ明るい雰囲気になりました。フロア中央にはバーコーナーが登場し、買い物の合間に手軽に食事やお酒を楽しめます。

- MAP P.152／ホノルル
- 1450 Ala Moana Blvd., Honolulu（アラモアナ・センター　エヴァウイング1～3F）
- 808-953-6100
- 9:30～21:00（日曜11:00～19:00）
- 無休
- shop.nordstrom.com

1.靴の専門店からスタートしただけあり、ブランド取り扱い数はハワイ随一。2.2階レディスフロアにあるバーコーナー。

すぐ近くに『スプラッシュ！ハワイ』もあるのでこの店と見比べてみて。

1. 上下各$108。裏地はミントグリーンのリバーシブル。ほとんどの水着が裏表自由に組み合わせられます。 2. 肩見せがかわいらしいビキニ。上$106、下$102。 3. 大人っぽいフラワープリント。上$98、下$102。 4. ストラップの結び方でいろいろなスタイルを楽しめます。上下各$102。

№ 034 ブラジリアンビキニでビーチデビューする

San Lorenzo Bikinis
サン・ロレンツォ・ビキニス

　水着はハワイに着いてから買うことにしています。季節商品として扱われる日本と違い、一年中いつ訪れても豊富なブランド＆デザインから選べるし、$30以下から$200以上の高級水着まで、価格帯も幅広く揃っているのがその理由です。

　日本人女性の体型をきれいに見せてくれるのが『スプラッシュ！ハワイ』。波にもまれてもずれる心配が少ないのは『プアラニ』やサーフブランドの『ロキシー』。そして露出度の高さで選ぶなら、ブラジリアンビキニのここをおいてほかにありません。ボトムスの極小ぶりには途方に暮れることもありますが、実際に着けてみるとそんなにエロくは見えません。少々ぽっちゃり体型の人でも、健康的なお色気を振りまけます。日本じゃ絶対買わないだろうと思う大胆な水着に手が出ちゃうのも南の島ならでは。そんなハワイ・マジックの勢いに乗って、ワイキキ・ビーチデビューを目指しましょう！

MAP P.152／ホノルル
1450 Ala Moana Blvd., Honolulu（アラモアナ・センター1F）
808-946-3200
9:30 ～ 21:00(日曜10:00 ～ 19:00)
休 無休
WEB sanlorenzohawaii.com

1. ユニセックスタイプのレザーサンダル$94.95。 2. レディスのヒール付きサンダルは、ソール、ストラップの種類が豊富です。 3. 高級感があるエンボス加工$104.95。ビーサン禁止の某高級レストランも、このサンダルだけは例外……というホノルルの都市伝説があります。

Tシャツ、バッグ、帽子なども扱うアラモアナ店。ロイヤル・ハワイアン・センターにもお店があります。

№035 メイド・イン・ハワイのサンダルで街を歩く

Island Slipper
アイランド・スリッパー

　ハワイを代表するローカルブランドのひとつ『アイランド・スリッパー』社は1946年、日系移民の本永ファミリーによって創業されました。その後、会社と工場が現在のアメリカ人社長に引き継がれましたが、今でも創業時とほとんど変わらない手作りの生産工程を守り続けています。微妙な調整が必要とされるストラップの取り付けと最後の仕上げは熟練の職人により行われ、それがフィット感と歩きやすさにつながっています。

　工場見学マニアの私は以前、ファクトリーを訪ねたことがあり、年代物のプレス機と木の靴型、使い込まれた道具類を手に、黙々と作業をする職人さんたちの姿に、それはそれは萌えたものです。

　ビーチサンダルではないので、水濡れには注意して。ヒール付きの女性用のサンダルは同じデザインから、2種類の高さを選べることも特徴です。

- MAP P.152／ホノルル
- 1450 Ala Moana Blvd., Honolulu（アラモアナ・センター 3F）
- 808-947-1222
- 9:30 〜 21:00（日曜10:00 〜 19:00）
- 無休
- www.islandslipper.com

シーズンによってカラーパターンが変わるパイナップル柄$69.99。売り切れ必至の人気柄です。

ちょっとシックな幾何学模様$69.99。男性用$89.99もあります。

キッズサイズは2〜10歳用まで$54.99。

№036 ヴィンテージ柄の女子アロハを手に入れる

Kona Bay Hawaii
コナ・ベイ・ハワイ

ヒルトン・ハワイアン・ビレッジの近く。ファイヤーキングのカップもコンディションがいいものが並びます。

　このところ、女子アロハブームがじわじわときているのだとか。ひそかに火付け役とささやかれているのが、ここです。パンツスタイルが多い私は以前からアロハを愛用していて、ユニセックスの小さなサイズや、子ども用のLサイズを探して着ていました。でも、このお店の存在を知ってから、そんな苦労が必要なくなりました。女性用サイズが充実しているうえ、着丈がちょっと短めなところがスカートに合わせてもかわいい。ハワイを訪れるたび1枚ずつ買い足していくことが楽しみになっています。

　店に並ぶのは1950〜60年代のヴィンテージ柄の復刻版が中心。発色が美しく、生地と縫製がしっかりしているので洗濯機で洗っても型崩れしません。ワンピース風のチュニックは、ビーチの行き帰りに水着の上からはおるのに便利。濡れてもすぐ乾き、さらっとした肌触りが気持ちいいところも気に入っています。

- MAP P.154／ワイキキ
- 444 Ena Rd., Honolulu
- 808-223-3390
- 10:00〜18:00
- 休 無休
- WEB www.konabayhawaii.com

№037 伝説のラハイナセイラーで男心をつかむ

Reyn Spooner
レイン・スプーナー

Must

最も広いアラモアナ店。カハラモール、シェラトン、ダウンタウンにもお店があります。

　ハワイの植物や鳥、州旗をモチーフにした「ラハイナセイラー」は、1956年創業の老舗シャツメーカー、『レイン・スプーナー』の定番デザイン。リバースプリントと呼ばれる裏地使いは派手な柄のアロハに比ベシックで、ホノルルのビジネスマンにも愛用者が多いことで知られています。ジャケットと合わせても品よく仕上がり、アロハ入門用や大切な人へのおみやげにもオススメの1枚です。黒のタグは細身のデザインなので、体型や好みに合わせ選ぶといいですね。

　以前はレディスのシャツやワンピースもあったのですが、最近は不定期で登場するのみ。先日も赤のラハイナセイラーが販売されたと聞き楽しみにして出かけて行ったところ、一瞬でソールドアウトになってしまったと知り、涙をのんで帰ってきました。女性用を手に入れるには、サイトの情報をマメにチェックして見つけたら即、買い！

MAP P.152／ホノルル
1650 Ala Moana Blvd., Honolulu
（アラモアナ・センター 2F）
808-949-5929
9:30～21:00（日曜10:00～19:00）
無休
WEB www.reynspooner.com

細身がお好みなら黒のタグを。プルオーバーとボタンフロント（全開）から選べます$98。

モチーフにひそかにロゴを配した60周年の記念コレクション$98。

洗いざらした感じのリバースプリントが魅力です$98。

N⁰ 038 美しいシャツを求め ダウンタウンで行列する

Sig on Smith
シグ・オン・スミス

　金曜日の朝、ダウンタウンにできる行列がちょっとした話題になっています。彼らの目的は週に1回だけオープンする『シグ・ゼーン』のシャツ。ハワイ島ヒロに本店を構えるこの店は、オーナーでありデザイナーのシグ・ゼーン氏が、ハワイやポリネシアの自然からインスピレーションを得て描くテキスタイルデザインが世界的にも高い評価を得ていて、高級ホテルのファブリックにも使われています。これまでヒロのブティックと一部の百貨店、ネット以外で手に入れる方法はなく、満を持してのホノルル出店に、シグファンたちは大いに色めき立ったといいます。しかも、お店に並ぶのはホノルル店用の限定デザインばかりとあって、夕方近くにはお店の棚が空っぽになることも少なくないという人気ぶり。

　シャツはメンズのみ。ローカルに熱狂的なファンを持つため、L以上の大きなサイズから売れていくそう。うれしいことに、日本人向きのXS、Sサイズは比較的、手に入りやすいとのことです。ファイン・ダイニングのディナー用としても十分通用する美しいシャツは、並んでも手にする価値がある1枚です。

開店15分前くらいから行列ができ始めます。

MAP　P.152／ダウンタウン
1012 Smith St., Honolulu
808-561-0668
金曜10:00〜18:00
休　土〜木曜
WEB　sigzanedesigns.com

1日で100枚以上が売れることも珍しくなく、夕方近くにはラックが空っぽになることも。

大胆なデザインから、ハワイの自然が鮮やかによみがえります。各$120。

シグ氏（左）と息子のクハオさん。ここはクハオさんが初めてプロデュースした店。父と息子、二人で手掛けたデザインも並びます。

№039 パワーストーンのブレスレットをオーダーする

Lani Stone
ラニ・ストーン

1. 希少な天然石も見つかります。2. 所要時間はカウンセリングを含め30分〜1時間。予約もOKです。

　お守り代わりに身に着けたいパワーストーンのブレスレット。島全体がパワースポットとされるハワイで作ったものなら、さらに大きな力で守ってくれそう。そんな期待を胸に訪れたのは、ビルのペントハウスにある隠れ家的なお店です。「私、鉱物オタクなのよ！」と笑う日本人オーナー、マサコさんの石好きが高じ始めた店では、ハワイの月のパワーで浄化した天然石で作るブレスレットをオーダーできます。アリゾナのツーソンなどで開かれる見本市に自ら足を運び買い付けてきているため、ほかの店より手ごろな価格で手に入るのが特徴。彼女に話を聞いてもらうだけでも癒されるとあって、リピーターが後を絶ちません。

　最大のパワーを期待するなら、ひとりで訪れること。1対1でじっくりカウンセリングを受け、選ぶことがポイントです。

MAP P.155／ワイキキ
334 Seaside Ave., #801, Honolulu
808-926-5264
11:00〜18:00（日曜〜17:00）
休 土・日曜
WEB www.lanistone.com

愛情、金運、情熱、安定など、思いっきりよくばりに願いを詰め込んでオーダーしたブレスレット $190。

ピアス$86、
ネックレス$48。

すべての作品を、ショップに併設したアトリエで手作りしています。

天然石からインスピレーションを受けた1点モノが中心。

№040 ロコの手作りジュエリーからパワーをもらう

Ginger 13
ジンジャー・サーティーン

HOT UPDATE 2017 HAWAII-ISLIST

店内の植物もシンディさんがコーディネイト。

　オーナーであり、デザイナーのシンディさんは今、ハワイで最も勢いがあるジュエリー・アーティストのひとり。天然石や貝殻を使った大ぶりなデザインが人気で、ハワイ中から選りすぐりのアート作品やフードを集めて開催された「メイド・イン・ハワイ・フェスティバル」では、3日間で800点以上が飛ぶように売れたというのだから驚きです。

　ハンドメイドのアクセサリーをネットやセレクトショップで販売していたシンディさんが、ダウンタウンにアトリエを兼ねたショップを構えたのは3年前のこと。高級百貨店からも引き合いがあるほど人気ブランドになった現在でも、一つひとつ手作りする創作姿勢は変わりません。そんな彼女が作るジュエリーには、女性への応援メッセージが込められているよう。身に着けると彼女のように頑張れそうな気がして、元気が湧いてきます。

MAP P.152／ダウンタウン
22 S. Pauahi St., Honolulu
808-531-5311
10:00〜18:00（土曜〜16:00）
休 日曜
WEB www.ginger13.com

ポストカード、名刺、メニューなどもネットからオーダーでき、完成までは約1カ月。

カードセットは$10から。ハワイらしいイルカやシェイブアイスのイラスト付きカードも人気です。

No 041 大切な人に贈るための カードを見つける

Must POPULAR HAWAII I WISH LIST

South Shore Paperie
サウス・ショア・ペーパリー

　お礼や季節のあいさつ、待ち合わせの連絡やちょっとしたお願い事も、ほとんどがメール1本で片付いてしまう便利な時代だけに、手書きのメッセージを受け取ったときのうれしさはひとしお。プレゼントに添えられたカードから、贈り主のセンスを感じることは少なくありません。自分もそんな気配りができるようになりたいと、旅先で気に入ったカードを見つけると、まとめ買いをしています。

　ハワイでよく立ち寄るのがここ。壁には実際にお客さんがオーダーしたパーティーの招待状、引っ越しのお知らせなどがサンプルとして並んでいます。カスタムオーダーでは日本語の書体も選べ、最近はハワイ・ウェディングの招待状に利用するカップルが増えているそう。そんな予定はなくても、「ALOHA」「MAHALO」の文字がプリントされたカードは、いろいろな場面に使えて便利です。

MAP P.153／ホノルル
1016 Kapahulu Ave., Honolulu
（キロハナ・スクエア内）
808-744-8746
9:00～16:00
休 日・月曜
WEB southshorepaperie.com

No 042 ## ハワイのアロマオイルに癒される

ユーカリ・ミントの香りには「未来を開く」力あり!? アロマキャンドル$22.40。B

「ハワイアン・ボタニカルス」のルームフレグランス各$3。A

願い別に選ぶ「アンシェント・メモリー・オイル」の2016年限定品。テーマは「ソウル・メイト」$25.10。B

「アンシェント・メモリー・オイル」は美、幸運、繁栄など願い別に50種類以上。各$12.50。B

飲用のほかマッサージオイルに混ぜても使えるフラワーエッセンス 各$22.40。B

「ハワイのどこが好きですか？」と聞かれると、こう答えます。「風の匂いが好き」。ホワイトジンジャーやプルメリア、ピカケなどの花の香りに、少しだけ潮の匂いが混ざり合って、すうっと深呼吸するだけで幸せな気持ちになれる。その"ハワイの匂い"を持ち帰れば、いつでもこの島を思い出し前向きな気持ちになれます。

「ハワイアン・ボタニカルス」のアロマオイル各$13。A

Shop List

Belle Vie ベル・ヴィー A

ハワイの植物エキスから作る基礎化粧品「ハワイアン・ボタニカルス」は、ハワイアンコスメのロングセラー商品。そのアロマオイルは、ココナッツ、プルメリア、ティツリー、レモングラスなどの香りが人気です。

- MAP P.155／ワイキキ
- 2250 Kalakaua Ave., Honolulu（ワイキキ・ショッピング・プラザ1F）
- 808-926-7850
- 10:00〜22:30 休 無休
- WEB www.belle-vie.com

Sedona セドナ B

スピリチュアル・グッズ専門店。石やコットンに沁み込ませて持ち歩くと願いが叶うといわれる「アンシェント・メモリー・オイル」は、このお店のオリジナル。サイキック・リーディング（占い）も行っています。

- MAP P.152／ホノルル
- 1200 Ala Moana Blvd., Honolulu（ワード・センター内）
- 808-591-8010
- 10:00〜21:00（日曜は18:00）休 無休
- WEB www.sedona-hi.com

№ 043 お肌に合うハワイアンコスメを見つける

コスメ天国のハワイ。最先端の美容科学から生まれたアイテムも魅力だけれど、やっぱり気になるのは、ハワイの植物成分をたっぷり含んだナチュラルコスメ。いろいろ試して、自分の肌にぴったりくるブランドを見つけましょう！

Whole Foods Market

1. ホールフーズの店内でスタッフが手作りしているアフターサンローション。カハラ店でしか買えません $4.99。 D

Honey Girl

（※上2点はHoney Girl商品）

ハワイ産のはちみつを主原料に、養蜂家が作るコスメ。2.アフターサンローション$22.99、3.「スーパースキンフード」は夜用クリーム$32.99。 D

Ola

ハワイに伝わる薬草学から生まれたブランド。4.ボディウォッシュ$23.99、5.ミスト$9.99。 D

Lanikai Bath & Body

植物学者でもある女性がレシピを考案。ピカケ、プルメリアなど10種類以上の香りから選べます。6.7.ボディウォッシュとコンディショニングシャンプー各$16.95、8.ボディミスト$12.95。 A

Hawaiian Botanicals

肌悩み別にアイテムが揃う『ベル・ヴィー』のオリジナルブランド。9.シミに効く「MUA」$180、10.角質除去ジェル「LAKI」$60、11.乾燥肌を潤すヒアルロン酸配合ローション「PAKI」$51。

Kopa Haiku

オアフ島の自社工場で手作りに近い製法で作るコスメ。12.ボディローション$24、13.ボディにも部屋用にも使えるミスト$9、14.ソープ$12。

Waimea Body Essentials

ハワイ島の高原地帯、ワイメアで手作り。ラベンダーの香りに癒されながらスキンケアできます。15.保湿効果の高いスキンクリーム$16.95、16.ミスト、ローション、フットクリームのトラベルセット$18.95。

Shop List

A

Island Vintage Organic & Natural

アイランド・ヴィンテージ・オーガニック&ナチュラル

- P.155／ワイキキ
- 2301 Kalakaua Ave., Honolulu(ロイヤル・ハワイアン・センター C館2F)
- 808-923-3383
- 8:00〜22:00
- 無休

B

Sand People

サンド・ピープル

- P.155／ワイキキ
- 2255 Kalakaua Ave., Honolulu(シェラトン・ワイキキ1F)
- 808-931-8902
- 8:00〜22:30
- 無休
- www.sandpeople.com

C

Belle Vie

ベル・ヴィー

→ P.65

D

Whole Foods Market, Kahala

ホールフーズ・マーケット(カハラ店)

→ P.76

ボタニカル・ブティックとカフェがひとつのスペースを共有。

はちみつ入りのラベンダーラテ$4.50と、アボカドトースト$5。

№ 044 ヒップなエリアの人気店をチェック！

切り花は、滞在中のホテルの部屋に飾りたい。

Paiko & Arvo
パイコ&アーヴォ

　近ごろハワイのロコの間では、植物を育てるのが流行っているそうな。そういえば、『ジンジャー13』(P.63)のデザイナー、シンディさんも、最近は鉢植えやエアプランツのアレンジを頼まれることが増えたと言ってましたっけ。

　その人気の火付け役が、流行発信地にもなっているカカアコにあるこの店らしいのです。トーチジンジャーやプロテアといったハワイらしい切り花も置いていますが、ロコのお目当てはガラスの鉢やカラーサンドを選び、自分でカスタマイズできるエアプランツ。カップルで作りに来ている人も見かけました。

　店内に併設された『アーヴォ』は、ハワイでは珍しいオーストラリアン・スタイルのカフェ。花びらを浮かべたコーヒーやオープンサンドが、行列ができるほどの人気となっています。植物を日本に持ち帰るのは難しいけれど、ロコが集うヒップなスポットをチェックすれば、ハワイの流行りものがいち早くわかります。

- MAP　P.152／ホノルル
- 675 Auahi St., Honolulu
- 808-988-2165
- 10:30～18:00(土曜11:00～17:00)
- 休　日・月曜
- WEB　www.paikohawaii.com

自分でアレンジしてエアプランツの鉢植えを作れます。

定期的に開かれるフラワーアレンジメントのワークショップは、ウェブサイトから予約を。

ロコのアーティストの雑貨も扱っています。

コーナーごとに整然と整えられた店内。オーナーの几帳面さがよくわかります。

1. 古着で作られたハンプティダンプティの人形。各$125。 2. 古いホテルのパンフレットは$30〜50。

NO 045 ダウンタウンの名物店でアンティークを

Tin Can Mailman
ティン・カン・メイルマン

DEEP MANIAC OAHU Island

　1880年代、南太平洋に浮かぶ小さな島で、ビスケットの缶に入れて船から流した郵便物を、泳いで取りに行く人たちのことを「ティン・カン・メイルマン」と呼んだのだそうです。そんなエピソードに引かれ、南の島のアンティークを収集していた前オーナーから店を引き継いで10年以上になるクリスさん。私がここを訪れるようになって5年になりますが、コレクションが少しずつクリスさん好みに変わってきたことがわかります。
　特に充実しているのが、古い地図やレストランメニュー、歴史あるホテルのパンフレットなどの紙モノ。1枚1枚きれいにファイリングされ、とても良いコンディションに保たれています。
　最近は、ちょっと変わったアンティークドールのコレクションに凝っているそう。アンティークショップにありがちな埃っぽさが少ないので、アレルギーの人も安心してお買いものできます。

MAP P.152／ダウンタウン
🏠 1026 Nuuanu Ave., Honolulu
☎ 808-524-3009
🕐 11:00〜17:00(土曜〜16:00)
休 日曜
WEB tincanmailman.net

1. フラドールはスカート、レイの部分まできれいに残っているものが見つかります。

2. 普段使いにしたいファイヤーキングのマグカップ$24〜40。 3. ハワイ全島を描いたプレート$20。 4. モアナホテルのプレートは1枚$14.95。

5. 古いマドラーからはホテル名の変遷が分かります。各$1.95。

No 046 古き良きオールドハワイへタイムスリップ

DEEP MANIAC

Surf'N Hula Hawaii
サーフィン・フラ・ハワイ

　ひっそりととても静かで、けれどあったかい空気に包まれた店内に並ぶのは、今にも動き出しそうなフラドール、使われていた食卓の光景が鮮やかによみがえる食器類、ついさっきまで誰かがいた気配が残るソファなど。一つひとつ眺めていると、かつての持ち主の暮らしぶりまで思い浮かぶよう。日系二世のオーナーが20年以上かけて集めたサーフィングッズやアロハ、ハンドペイントのグラスからは、ハワイアン・カルチャーに対するリスペクトの気持ちも伝わってきます。
　入り口がある手前の部屋は古いレストラングッズやポスター、アロハシャツが、奥の部屋には家具やカヌーのパドルのほか、フラドール、食器類が所狭しと並ぶ棚があります。お店の人の無関心ぶりも心地よくて、特に目的がなくてもふらりと立ち寄って、眺めているだけで時間を忘れてしまう店。しばし、古き良き時代のハワイへ旅したような気分に浸れます。

MAP P.153／ホノルル
3588 Waialae Ave., Honolulu
808-428-5518
10:30〜17:00(土曜〜16:00)
休 日曜

N⁰ 047 かわいい文具を探す

HAWAII WISH LIST **Must**

色や形がかわいくて、センスのよいものが見つかるアメリカの文房具。正直言って使い勝手や作りの精巧さは日本のもののほうがずっと優れている気がするのだけど、それでもついつい買ってしまうのは、遊び心にときめいてしまうから？ カラフルなアイテムを見つけるなら『ターゲット』が、実用品を大量買いするなら『フィッシャー・ハワイ』がオススメです。

Shop List

Ⓐ Target ターゲット

- MAP P.151／オアフ島
- 4380 Lawehana St., Honolulu
- 808-441-3118
- 8:00～24:00（日曜 7:00～） 休 無休
- WEB www.target.com/sl/oahu-honolulu-west/2410

Ⓑ Fisher Hawaii フィッシャー・ハワイ

- MAP P.152／ホノルル
- 690 Pohukaina St., Hoolulu
- 808-356-1800
- 7:00～18:00 （水曜～20:00、土曜8:00～17:00、日曜10:00～15:00）
- 休 無休

「モレスキン」は日本の半額くらいとお買い得！ 1.スケッチブック$12.56、2.ファブリックカバー$14.36、3.ミニノートは2冊で$5.30。Ⓑ

4.蛍光ペンと付箋のセット $4.79。Ⓐ

5.うっかりついた口紅や油性ペンもこれで落とせます $4.36。Ⓑ

6.インチとセンチを測れる定規$1.76。Ⓑ

7.8.9.こんなメモを残されたら、張り切っちゃう!?各$3.71。Ⓑ

12.マップはやはり現地のものが使える。各$5.58。
13.ハワイの魚の名前がわかる下敷き$4.65。Ⓑ

10.11.カードセットをいろいろ探すのも楽しみ。各$19.99。Ⓐ

14.キュートなクリップ$3.49とマグネット$4。Ⓐ

ギフト用パッケージが豊富です。15.ペーパーバッグ$1.50、ワイン用バッグ$2.99。16.誕生日プレゼント用のボックス$2.99。Ⓐ

17.ハイヒール型のアイスキューブ$7.49。Ⓐ

1. ハワイ産を中心に高級食材を多く販売。2. 作りたてのポケが30種類以上も！ 3. ワインセクションに併設するバー。

№048 生まれ変わったアラモアナのスーパーに燃える！

Foodland Farms　フードランド・ファームズ

　ここはスーパーのイメージを超えた、まるでひとつのグルメタウン。それもそのはず、コンセプトはグロサリーストア（食料雑貨店）とレストランの融合。新鮮なマグロを使ったポケ、店内で焼くパンやピザ、ステーキやシェイブアイスのコーナーまであり、できたてをすぐに食べられるイートインのスペースが広く設けられているのが特徴。ワインセクションには、店内で買ったチーズやハムと一緒にお酒を味わえるバーがあり、さらにハワイ産のコスメや食品を集めたおみやげ探しに便利なコーナーも。

　『フードランド』はハワイで創業した地元密着型のスーパー。そのなかで「FARMS」と付くのはオーガニックやハワイ産の食材、グルメフードを多く扱う高級志向の店で、オアフ島ではアイナ・ハイナに続き、2軒目のオープンになります。

　2種類の価格が表示されている商品があり、「MAIKAI SPECIAL」は少しお買い得になる会員価格のようなもの。精算時に10桁の電話番号（日本の携帯番号の頭の0を取る）を告げるだけでよく、1年以内に再利用すればずっと有効なので、ぜひ登録することをオススメします！

郵便はがき

153-0044

お手数でも郵便切手をお貼りください

東京都目黒区大橋1-5-1
クロスエアタワー8階

実業之日本社

「愛読者係」行

ご住所 〒
お名前
メールアドレス

ご記入いただきました個人情報は、所定の目的以外に使用することはありません。
実業之日本社のプライバシー・ポリシー（個人情報の取扱い）は、
以下のサイトをご覧ください。http://www.j-n.co.jp/

お手数ですが、ご意見をお聞かせください。

この本のタイトル		
お住まいの都道府県	お求めの書店	男・女　　歳

| ご職業　　会社員　会社役員　自家営業　公務員　農林漁業 |
| 医師　教員　マスコミ　主婦　自由業（　　　　　　　　） |
| アルバイト　学生　その他（　　　　　　　　　　　　　） |

本書の出版をどこでお知りになりましたか?
①新聞広告（新聞名　　　　　　　　　）②書店で　③書評で　④人にすすめられて　⑤小社の出版物　⑥小社ホームページ　⑦小社以外のホームページ

読みたい筆者名やテーマ、最近読んでおもしろかった本をお教えください。

本書についてのご感想、ご意見（内容・装丁などどんなことでも結構です）をお書きください。

どうもありがとうございました

このはがきにご記入いただいた内容を、当社の宣伝物等で使用させていただく場合がございます。何卒ご了承ください。なお、その際に個人情報は公表いたしません。

4. アラモアナ・センターにあった元の『フードランド』の3倍の広さの新店舗。

5.6.7. 店内のキッチンから届くコールドプレスジュース$3.49〜6.49。

5 6 7

8

8. アラモアナ店オープンを記念し作られたトートバッグ$10。

11. お弁当にポケをトッピングできるポケセクション。

9

10

すぐに食べられるカットフルーツの種類が豊富です。9.パパイヤ$4.99、10.ミックス$5.99。

12. ハワイ産コスメも充実。

- MAP P.152／ホノルル
- 1450 Ala Moana Blvd., Honolulu（アラモアナ・センター　エヴァウイング1F）
- 808-949-5044
- 5:00〜22:00
- 無休
- www.foodlandalamoana.com

1. パスタや穀類が100種類以上並ぶバルクセクション。 2. コーヒーも好みの豆を自分で袋詰めします。
3. すぐに食べられるサラダパックがいろいろ。 4. オーガニック石けんも、量り売り。

№049 ホールフーズでバルク買いを体験！

Whole Foods Market, Kahala
ホールフーズ・マーケット（カハラ店）

いまやおみやげショッピングの定番スポットになったナチュラルスーパー『ホールフーズ・マーケット』。新鮮な野菜や果物がアートのように並ぶ様子や、うず高く積み上げられた石けんの山、圧巻のバルクタワーは眺めているだけでわくわくしてきます。オーガニック製品とともにプライベートブランド商品、ハワイ産の食材やコスメも充実していて、あれもこれもほしくなるものばかり。

好きな料理を好きなだけ選べるデリコーナーの量り売りとともに、ぜひ体験してみたいのが、バルクセクションでのお買い物。ここではパスタやシリアル、オーガニックの小麦粉などの穀類、ドライフルーツなどを自分で袋詰めにして買うことができます。このバルク買いのシステム、日本のスーパーにももっと普及してくれるとうれしいですね。

MAP P.153／ホノルル
4211 Waialae Ave., Honolulu（カハラモール内）
808-738-0620
7:00～22:00　無休
https://www.wholefoodsmarket.com/stores/honolulu

№ 049 Whole Foods Market, Kahala

How to Buy in Bulk!

初めてだとちょっと戸惑うバルクセクションでのお買い物ですが、一度体験すれば簡単！ 気になるものを少しずつ、お試しできるから便利です。

この番号

 →  →

バルクセクションに備え付けの袋を取ります。

各商品の専用シャベルで、ほしい分量だけ袋詰めにします。

商品の番号をタグに記入し、袋の口を縛ります。

ビニール袋の代わりにエコなバルク専用コットンバッグ$1.29。

価格はほとんどが1ポンド（1lb＝約500g）の単価。重さを測ればいくらくらいになるか分かります。

Eco Bag Collection

エコ＆トートバッグは、カハラ店オリジナルデザインも。次々と新しいデザインが登場するので、気に入ったものはその場で買うのが正解！

肩がけもでき、丈夫で大容量のジュートバッグ$19.99。

丈夫なストラップだから、少々重いものも大丈夫$29.99。

ハワイの風景や植物を描いたノスタルジックな柄$24.99。

かわいいハートのプリント。ネイビーもあります$24.99。

薄手のコットンだから小さく畳んで持ち歩くのに便利$18.99。

№050 おみやげに喜ばれるクッキーを食べ比べる

マカチョコ、コーヒーと並ぶおみやげの定番、ショートブレッド・クッキー。たくさんの種類があるなか、三大グルメクッキーは、それぞれ個性的な商品が人気のこの3軒。試食もできるので、よ〜く吟味して「これが一番おいしい！」と納得できる味を選んでください。

『ロイヤル・ハワイアン・クッキー』は、マカダミア・ハニー、アーモンド・ハニー・キャラメル、マカダミア・チョコキャラメルなど全5種類。お得なアソートは各2枚入り$13、各5枚入り$33。

Royal Hawaiian Cookie
ロイヤル・ハワイアン・クッキー

フランスの有名店で修業経験を持つパティシエが手作りするプレミアムクッキー。一晩寝かせた生地を延ばしてから焼き、その上にハニーキャラメルとナッツをかけてもう一度焼いて完成します。高級素材に手間ひまかけた味わいは、舌の肥えた人や大切な人に贈ってもきっと喜ばれるはず。

1.すべての工程をひとりで手作りしているパティシエのブラッドさん。 2.マカチョコ、フルーツ入りクランチも試してみたい。

- MAP P.155／ワイキキ
- 2250 Kalakaua Ave., Honolulu（ワイキキ・ショッピング・プラザ1F）
- 808-286-6662
- 10:00 〜 22:00　休 無休
- WEB www.rhc-hawaii.com/ja

3. アソート16個入り$16.95。 4. 食べ終わったあと小物入れにも使える缶は4個入り$5.95。

Honolulu Cookie Company
ホノルル・クッキー・カンパニー

かわいいパイナップル型のクッキーがすっかりおなじみ。ナッツ入り、チョコレート・ディップ、フルーツ・ジェリー付きのほか、季節限定のフレーバーが登場することも。シーズンで変わるパッケージの種類が豊富で美しく、差し上げる人を思い浮かべながら選ぶ楽しみもあります。

- MAP P.155／ワイキキ
- 2233 Kalakaua Ave., Honolulu（ロイヤル・ハワイアン・センター B館1F）
- 808-931-3700
- 9:00 〜 23:00　休 無休
- WEB www.honolulucookie.com

The Cookie Corner
ザ・クッキー・コーナー

地元紙で"ハワイNo.1クッキー"に選ばれたこの店は、名門高校出身で同級生のローカルボーイふたりで立ち上げたブランド。フレッシュベイク・クッキーがおなじみですが、オススメはチーズケーキのような味わいの「トロピカル・フルーツバー」。冷蔵庫で冷やして食べるとおいしさ倍増！

- MAP P.155／ワイキキ
- 2255 Kalakaua Ave., Honolulu（シェラトン・ワイキキ1F）
- 808-926-8100
- 8:00 〜 22:30　休 無休
- WEB www.cookiecorner.com

5.「トロピカル・フルーツバー」は、キーライム、レモン、リリコイの3種類。9枚入り$9.75。 6. 美しい赤のアロハスピリット缶入り$13。

1. マッチョな職人さんたち。彼らの手によって作られるパンはハワイ名物ともいえる味。

2.「ココパフ」はカスタード、チョコレートなど4種類$1.55〜1.89。 3. 売り切れ御免のあんぱん$2.35。

4. ここは24時間営業。カカアコに2号店があります。

№ 051 深夜のベーカリーに駆けつける

DEEP MANIAC

Liliha Bakery
リリハ・ベーカリー

　パン屋なのに、なんと24時間営業！店内奥がカウンター式のダイナーになっていて、深夜でもパンケーキやフレンチトーストを食べられます。名物はシュー生地にクリームをたっぷり詰めた「ココパフ」。1日5000個近く作られる超・人気商品は冷凍パックもあり、帰国当日、空港へ行く途中に立ち寄り持ち帰れば、日本に着くころ食べごろになります。ロコが愛する隠れたベストセラーは1950年の創業時から作り続けられている、あんぱん。デニッシュ風の生地に粒あんがみっしり詰まった、とてもリッチな味わいが支持されています。

　ベーカリーは日本に多いセルフ方式ではなく、対面販売。ショーケースの上にある発券機から整理券を取り、列の後ろについて自分の注文の順番を待ちます。

　カカアコに2号店がオープンしていますが、雰囲気も味わいも「やっぱり、リハの本店！」という声が多いのです。

MAP P.151／オアフ島
515 Kuakini St., Honolulu
808-531-1651
24時間（火曜6:00〜、日曜〜20:00）
休 月曜
WEB www.lilihabakeryhawaii.com

こんなかわいいトラックを見かけたら、あとを追いかけたくなって当然！

ここからオアフ島内のスーパーやコンビニへ、空路で他島にも送り届けられます。

№ 052

赤いチェックのトラックを追いかける

DEEP MANIAC

Love's Bakery
ラブズ・ベーカリー

目にもとまらぬ速さで流れていくパンケース。

　ハワイのスーパーやコンビニで見かける、赤いチェックのパッケージに包まれた食パン。街で見かけたデリバリートラックがあまりにもかわいくて、あとを追いかけて行ったら空港近くのパン工場にたどり着きました。「この中をどうしても見てみたい！」、そう思い始めたのは2年以上前のこと。コーディネーターのマイコちゃんによる粘り強い交渉の結果、ようやく願いが聞き遂げられました。

　24時間体制で稼働する工場内に入ると、オーブンの熱気とともにラインを疾走するパンの列に圧倒されます。ここでは1日6000パック以上が製造されているのだとか。試食させてもらったほんわり温かいパンの味が格別だったことは、言うまでもありません。

　以前は地元の子どもたちを対象に工場見学を実施していたそうですが、残念ながら現在は休止中。敷地内にあるショップは誰でも利用できます。

MAP P.151／オアフ島
911 Middle St., Honolulu
808-841-0397
6:30 〜 18:30(土曜7:30 〜 17:00、日曜8:00 〜 15:00) 休 無休
WEB www.lovesbakeryhawaii.com

1

3

5

2

4

1. 3色のランで作られたレイ$35。ランは日持ちがするので、ホテルの部屋に飾っても。2. マイレのオープンレイは花婿さんの定番$40。3. 王族が身に着けた羽毛のレイを思わせることから「オハイアリイ」（王族の木）と呼ばれる花は、とても豪華な印象$20。4. 花嫁が身に着けることが多いピカケ。甘く高貴な香りが魅力です$24。5. リリウオカラニ王女が愛したとされるクラウンフラワー$24。

N0 053 ダウンタウンで買ったレイを着ける

DEEP MANIAC / OAHU ISLAND

Cindy's Lei & Flower Shoppe
シンディーズ・レイ＆フラワーショップ

ダウンタウンの老舗レイショップの1軒。

　ハワイの人たちは結婚式や誕生日などの祝いの席やパーティーではもちろん、週末に家族で食事に出かけるとき、久しぶりに会う友達を訪ねるときなど、日常の様々な場面でレイを贈り合います。ハワイ滞在中はそんなロコにならって、レイを着けてみてはいかがでしょう。

　レイショップが集まるのは、ダウンタウンのマウナケア通り。そのなかの1軒、この店では84歳になる女主人のシンディさんが毎日レイを作る姿を見ることができます。ワイキキのレイスタンドやスーパーでも買えるけれど、この光景を眺めながら選ぶのが楽しいのです。

　レイ選びに特に難しい決まりはなく、好きな花やデザインで決めていいそう。花嫁は白いレイが、男性はマイレなどのオープンレイが多いようです。また、結び目のリボンが心臓の上あたりにくるようにすると、ロコっぽく見えますよ。

MAP P.152／ダウンタウン
1034 Maunakea St., Honolulu
808-536-6538
6:00〜18:00
（土曜6:30〜18:00、日曜6:30〜17:00）
休 無休
WEB www.cindysleishoppe.com

chapter 3

HAWAII WISH LIST 2017 Hot UPDATE

Must — POPULAR HAWAII — HAWAII WISH LIST

DEEP MANIAC — HAWAII WISH LIST OAHU ISLAND

GOURMET

食べたい！ 飲みたい！ 39のこと

ハワイの食は、どんどん進化しています。地元産の新鮮な魚介、野菜やフルーツをふんだんに使った料理や、人気シェフの創作料理、アメリカらしいボリュームいっぱいのメニューも気になる。伝統的なハワイ料理も、ぜひ一度、試してみて！

No.054 100％コナコーヒーでほっとひと息

Island Vintage Coffee
アイランド・ヴィンテージ・コーヒー

ハワイのコーヒーといえばまっ先に名前が浮かぶコナコーヒーは、世界のコーヒー生産量のわずか1％にも満たない希少なもの。本当にいい豆を手に入れることは大変難しいとされています。そのコーヒーを手軽に、とても良心的な価格で味わえるのがこの店です。ハワイ島の特に標高の高い地域から仕入れた最高品質の豆を、必要な量だけその都度ローストして提供しているのでいつもフレッシュ。「コナコーヒーは独特の酸味が苦手……」という人も少なくないのですが、その酸味がとても柔らかいのが特徴です。

場所は、ワイキキ随一のショッピングスポットの2階。人気店だけにいつも混雑しているのは否めませんが、午前中早めの時間やみんながディナーに出かける夕刻や夜は、すっとお客さんが引ける時間帯があり、賑やかな通りを眺めながら心ゆくまでコーヒータイムを過ごせます。

MAP P.155／ワイキキ
2301 Kalakaua Ave., Honolulu
（ロイヤル・ハワイアン・センター C館2F）
808-926-5662
6:00 〜 23:00（朝食とランチは〜 15:00）
休 無休
WEB www.islandvintagecoffee.com

ワイキキのまん中で100％コナコーヒーを$3以下で飲めるとあれば、人気があって当然！

テラス席からはカラカウア通りと、ヤシの木に囲まれた中庭のロイヤル・グローブを見下ろせます。

1. カフク産パパイヤとココナッツミルクをたっぷりのせた「パパイヤ・ジンジャー・パンケーキ」$11。
2. 「モチコチキン＆モチコワッフル」$13.50はグルテンが気になる人に。 3. 「ケール・ベネディクト」$13。 4.5. モーニングカクテルは「ユズ・スプラッシュ」$9と「リリコイ・マリー」$10.50。

№055 評判の朝ごはんメニューをいろいろ食べてみる Hot

The Nook Neighborhood Bistro
ザ・ヌック　ネイバーフッド・ビストロ

　パンケーキ、ワッフル、エッグベネディクトといった定番の朝食メニューを、個性的なアレンジで味わえる店です。例えば、モチコ（米粉）のワッフルは軽くてサックサクの食感。これを同じくモチコをまぶして揚げたハワイのローカルフード、モチコチキンと一緒に食べれば、グルテンが気になる人にオススメの"ハワイ風唐揚げ定食"に。ソースの代わりにシロップをたっぷりかけるのがポイントです。ローカルでオーガニックの食材を多く使っているので、ケールをたっぷりのせたエッグベネディクトも、おなかいっぱい食べても罪悪感がありません。

　朝からまったりしたいときは、マウイウォッカとリリコイ、ユズ、トマトなどの自家製ピューレで作るモーニングカクテルをご一緒に。ディナータイムは、がっつり肉料理とともに、米粉のパスタ、沖縄ポテトのニョッキなどが楽しみです。

MAP　P.153／ホノルル
🏠 1035 University Ave., Honolulu
📞 808-942-2222
🕐 7:00 〜 14:00、
　 18:00 〜 22:00（金・土曜〜 24:00）
休　月曜、火曜のディナー
🌐 thenookhonolulu.com

NO. 056 ミュージアムカフェで過ごすノスタルジックな時間

DEEP MANIAC OAHU island

Mission House Museum / Mission Social Hall & Café

ミッションハウス・ミュージアム／ミッション・ソーシャル・ホール&カフェ

　ホノルル周辺にいくつかある美しいミュージアムの1軒は、キリスト教の布教活動とともに、ハワイの人たちの生活様式の変化に大きな影響をもたらした宣教師の住まいだった建物。中庭にあるカフェではハワイ料理からインスパイアされたメニューを提供し、タロイモやリム（海藻）のサラダ、ローカルフィッシュのハンバーガーなど素朴な料理を味わえます。

　ハワイにキリスト教の宣教師団が初上陸したのは1820年。ハワイアンはそれまで文字をもたず、口承で伝えられていたハワイ語をアルファベット化したのは宣教師たちの功績。ハワイアンキルトも、彼らが持ち込んだパッチワークキルトから誕生しました。ハワイで初めて聖書が印刷されたのもここなら、宣教師のなかには医師もいて、地元の診療所のような役割も果たしていたといいます。

　リゾートとは別の顔を持つハワイの歴史を知るなら、『イオラニ宮殿』（P.25）とともに一度、足を運んでおきたい場所。ランチタイムに訪れ、海辺とは異なる空気を吸うだけでも興味が湧いてきます。

- MAP P.152／ホノルル
- 553 S.King St., Honolulu
- 808-447-3910（ミュージアム）、808-447-3913（カフェ）
- 10:00～16:00（カフェは11:00～14:00）
- 休 日・月曜
- WEB www.missionhouses.org

1. カフェとギフトショップは自由に利用できます。中庭の芝生にお弁当を持ち込んで食べるのもOK。

2. フィッシュハンバーガー「コンボNo.1」$10と、「シグネチャー・ルアウ・シチュー」$9。

3. かつての宣教師たちの生活道具が残る住まいを公開。フラなどのイベントやワークショップが催されるほか、内部の見学ツアー(現在は英語のみ)を実施しています。**4.5.** ボストンから持ち込んだ活版印刷機で、ハワイで最初の印刷物である聖書がプリントされ、カアフマヌ王妃にも贈られました。信仰深かった王妃は、たびたびここを訪れていたそうです。

「ブレックファスト・プラッター」$8。ソーセージとベーコンも自家製。

ランチの「ミックス・プレート」$11は、コリアン風のポークサンド。

建物1階の奥がミュージアム・カフェになっています。

№057 人気店仕込みの料理をミュージアムで味わう

Artizen by MW Restaurant
アーティゼン・バイ・MWレストラン

建物へ続く芝生のアプローチがとても清々しい場所です。

　地元のアーティストの作品を中心に5000点以上を展示する美術館は、ハワイで最初のラグジュアリー・ホテル『ザ・ハワイアン・ホテル』だった建物。エントランスから建物へ続く芝生のアプローチと中庭のプールがとても美しく、ダウンタウンのオアシスのような場所です。

　その中庭を眺められるミュージアム・カフェがお気に入りです。ここはお店の入れ替わりが激しく、4〜5年前まではカイムキの『タウン』が、その後はダウンタウンのベーカリーがカフェとデリを出店していたのですが、しばらくクローズした後、現在は『アラン・ウォンズ』(P.110)から独立して人気店になったレストラン『MW』のシェフが手がけています。地元の食材や、自家製パンを使ったメニューがおいしく、本店よりリーズナブルに味わえます。訪れるたびにお店が変わっているのは、言い換えれば何度訪れても新たな楽しみがあるというわけ。

MAP　P.152 ／ダウンタウン
250 S.Hotel St., Honolulu（ハワイ州立美術館内）
808-524-0499
7:30 〜 14:30
休　土・日曜
WEB　www.ArtizenbyMW.com

プレイズデル・センターのすぐ近く。テイクアウト用もあります。

「シルビア・ガーデン・バーガー」$17。パテはトマト、バンズはオニオンから作ったノングルテン食です。

№058 ロコが熱狂するビーガン＆ローフードを試してみる

バジルソースとレモンが爽やかな「リビング・ラザニア」$18。

Greens & Vines
グリーンズ ＆ ヴァインズ

　野菜の栄養素や酵素を効果的に取り入れるため、加熱しない調理法で作るローフード。しかも、動物性脂肪を含まないビーガン料理と聞き、「きっと味気ないのだろうな……」と訪れたら、そのイメージが見事に払しょくされました。野菜のバンズでトマトをサンドしたハンバーガーに添えられているのは、フレンチフライに見たてたジカマという野菜。緑のグラデーションが美しいラザニアは、ズッキーニとトマト、ホウレン草で作られています。ヘルシーフードというとお酒はNGと思われがちだけれど、ここはワインも楽しめる店。フランス、イタリア、カリフォルニアのビオワインが中心で、料理とのマッチングも楽しめます。

　野菜だけとは思えないほどおいしくボリュームもありますが、ローフードだから料理はどれも冷たいです。冷え性の人は、夜よりランチのほうがオススメ。

MAP P.152／ホノルル
909 Kapiolani Blvd., Honolulu
808-536-9680
11:00〜14:00、17:00〜21:00
休 日曜
greensandvines.com

デザートはチーズを使わない「チーズケーキ」$8。

バゲットで作るフレンチトーストは、デリからお好みの料理1品を選べ$11.80（イチゴのトッピングは+$2.50）。

N⁰ 059 癒し系ヘルシーカフェでお腹いっぱい食べる！

Must

キヌアサラダ、ヒジキなどのデリメニューは3品$9.50、4品$12.50。

Kaimana Farm Café
カイマナ・ファーム・カフェ

　日本人オーナーのジュンコさんが、「ハワイにもカリフォルニアみたいなヘルシーカフェがあるといいな」とオープンした店は、お腹いっぱい食べても罪悪感ゼロ。それは、ノースショア、カイルア、ハワイカイ、ホノルル周辺のローカル・ファームから、なるべくオーガニックの食材を選んで使っているから。ヒジキ、レンコン、ニンジン、豆腐など日本人が食べなれた食材や、ケールなどをふんだんに使ったデリの料理は、薄味の優しい味付けも特徴です。好みの料理を選べるプレートメニューのほか、フレンチトーストやウィークデー限定のアフタヌーンティーなどのスイーツ系も楽しみ。

　地元の食材を選んで使うのは、安心、安全であるだけでなく、生産者を応援する意味もあるそう。そんなジュンコさんが手作りする料理は、どこか懐かしい味。どうぞ存分に召し上がれ！

MAP　P.153／ホノルル
845 Kapahulu Ave., Honolulu
808-737-2840
8:00 ～ 16:00　休火曜
WEB　www.kaimanafarmcafe.com

カパフル通りにあるスーパー、セーフウェイの向かい側です。

給食みたいなアルミのプレートがいい感じ。デリから5品を選べる「アンティパスト・サンプラー」$13。左上が、一番人気のスイカ！

N⁰ 060 人気シェフが手がけるデリでヘルシーランチ

Kaimuki Superette
カイムキ・スプレット

タコのサンドイッチ「サウスショア・ヒーロール」$13。

　ハワイの地産地消ブームの火付け役であり、カイムキに人気レストランが集まるきっかけを作ったオーガニック・レストラン『タウン』。そのオーナーシェフ、エド・ケニー氏が手がけるヘルシーデリです。季節の野菜やフルーツを使ったメニューには日替わりと週替わりの料理が15種類以上。人気ベスト3を教えてもらったところ、第1位はウォーターメロン。そう、スイカです。チリパウダーを散らしただけのシンプルなものですが、単調なスイカがパンチの効いた味になり、病みつきになるおいしさ。第2位はウル（パンの実）、第3位キヌアサラダと続きます。デリメニューから5品を選べるサンプラーには、この3品を加えてみて。

　いつも混雑しているけれど、ランチタイムを少し外した14時半以降はゆっくり過ごせます。おひとりなら、通りを眺められる窓際のカウンター席がオススメ。

- MAP P.153／ホノルル
- 3458 Waialae Ave., Honolulu
- 808-734-7800
- 7:00〜16:00　休 日曜
- WEB www.kaimukisuperette.com

カイムキのメインストリート、ワイアラエ通りのかわいい建物。

NO. 061 UHでウワサの ヘルシー系フードトラックへ

HAWAII WISH LIST
Hot 2017 UPDATE

Green Garden
グリーン・ガーデン

　ランチタイムが近くなると、オフィス街や公園近くでよく見かけるフードトラック。ファストフードのイメージがありますが、最近ではメニューが豊富になり、しかもヘルシー系のトラックが増えてきています。その代表が、UH（ハワイ大学）（P.26）に出店しているこのお店です。
　メニューは、動物性脂肪を含まないビーガン料理。バーガー類のパテにはもちろんお肉を使っていませんが、ジューシーでかみごたえがあり、いわれなければチキンバーガーと思うかもしれません。バンズをライスに替え、ノングルテンに対応してもらえるのもうれしい。マフィンやシナモンロール、ブラウニーなどのスイーツもすべて自家製で、どれもじわじわっとおいしさが広がってきます。わざわざマノアのUHまで足を延ばしても食べに行く価値あり。緑が豊かなキャンパス内で味わうと、おいしさ倍増です。

MAP P.153／ホノルル
2500 Campus Rd., Honolulu（ハワイ大学サティスナビリティ・コート、サカマキホール前）
808-729-2485
9:00〜14:00（ランチミールは10:00〜）
休 土・日曜

キャンパス内の広場に停車して営業。周りにテーブルがあるので、できたてを食べられます。

1. マスタードソースとココナツのマヨネーズがおいしい「クラシック・バーガー」$5.75。ポテト付きのコンボは+$2.15。 2. ヒジキ、豆腐、アボカドを使った「ガイア・プレート」$7.50。

1. ちょっとイケメンの息子さんとお父さんのふたりで切り盛り。
2. 「ポーク・スライダー」「ベーコンラップ・マカロニチーズ」各$4（手前）と、「ポークフライ」$6。

№ 062 週2回、限定営業のトラックを狙い撃ち！

DEEP MANIAC OAHU Island

Pit Stop Food Truck
ピット・ストップ・フードトラック

　キッチン付きのワンボックスカーで移動するフードトラックは曜日限定営業の店も多く、なかなか巡り合えないことも。めったに出没しないことから、"幻の店"と呼ばれているのがこのトラックです。

　場所はアラモアナのドン・キホーテの近く。火曜と金曜の週2回、しかも営業時間はランチタイムを挟んだわずか3時間のみ。カルアポークと自家製のBBQソースが自慢で、ミニサイズのハンバーガーのほかに、フレンチフライにポークとチーズをたっぷりのせた「ポークフライ」が人気。見た目はソースをかけたお好み焼きのようですが、食べてみるとスモークした肉がジューシーで香ばしく、ポテトとの相性も抜群です。

　食べている間にも午後2時が近づくと慌ただしく店仕舞いが始まり、あっという間にいなくなります。その素早いこと！　逃して悔しい思いをしないよう、曜日と時間を確認して出かけましょう。

- MAP　P.152／ホノルル
- 🏠　1600 Kapiolani Blvd., Honolulu（カピオラニ通りとカヘカ通りの交差点近く、バンナム・ビルの前）
- ☎　808-351-2210
- 🕐　火・金曜11:00 ～ 14:00
- 休　土～月・水・木曜

No 063 フルーツシロップのシェイブアイスでデザートタイム

Must

ハワイのひんやりデザートの代表、シェイブアイス。近ごろは、ハワイ産のフルーツを使ったナチュラルな甘さのシロップが増えています。抹茶とアズキは、ワールドワイドな人気。各店自慢の味でデザートタイムを楽しんで。

A Island Vintage Shave Ice
アイランド・ヴィンテージ・シェイブアイス

リリコイ、ライチなどのフルーツシロップとともに、オーガニックのソフトクリームやフローズン・ヨーグルトをトッピングしたヘルシーメニューを味わえます。

MAP P.155／ワイキキ
2233 Kalakaua Ave., Honolulu
（ロイヤル・ハワイアン・センターB館向かい側）
808-922-5662　10:00～22:00　無休

ヘブンリー・リリコイ
$7.85
オーガニックミルクから作るフローズン・ヨーグルトと、モチ、ボバ（リリコイジュースのジェリー）をトッピング。Ⓐ

ケイキ $4.75
スモールサイズの「ケイキ」は、アサイとマンゴーの2チョイス。Ⓐ

パイナップル(S) $4
パイナップルの繊維がそのまま残っていて果実感いっぱい！Ⓑ

マンゴー＆ストロベリー(S) $4
シロップは2種類まで追加料金なしで組み合わせられます。Ⓑ

マンゴー $6.50
5月末〜6月の季節限定。トッピングのフルーツもとろけるおいしさ！Ⓒ

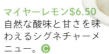

マイヤーレモン $6.50
自然な酸味と甘さを味わえるシグネチャーメニュー。Ⓒ

Ⓑ Monsarrat Ave. Shave Ice
モンサラット・アベニュー・シェイブアイス

人気のプレートランチ屋が作る自家製シロップは、添加物を一切使わずフルーツの酸味を生かしたもの。アズキなどの人気トッピングは売り切れ御免！

- MAP P.153／ホノルル
- 3046 Monsarrat Ave., Honolulu（パイオニア・サルーンの隣）
- なし
- 11:00〜20:00　休 月曜

Ⓒ Lemona Hawaii
レモーナ・ハワイ

酸味がまろやかなマイヤーレモンの果汁を使用。フルーツシロップのほか、オーガニックミルクから作る自家製の練乳、アズキなどの和風メニューもお試しあれ。

- MAP P.154／ワイキキ
- 421 Lewers St., Honolulu
- 808-922-9590
- 11:00〜17:00　休 月曜
- WEB www.lemona-hi.com

シャケめんたい$2.28
一番人気のおむすび。中にも具がぎっしり！

Wツナマヨ$1.98

梅おかか$1.98

いくら$2.28

シャケ$1.88

アボカド・ベーコン・スパム$2.48

梅しそスパム$2.48

玉子焼きスパム$2.28
玉子焼きとスパムは、不動の人気コンビ。

照り焼きスパム$1.88

ベーコン玉子スパム$2.48

№ 064 日本 vs. ハワイのソウルフード対決

Musubi Cafe Iyasume
むすびカフェ いやす夢

　お米が無性に食べたくなること、ありますよね。それも、おいしい白米が。そんなときはここへ。お米は、産地と銘柄を指定した日本の国産米を使い、福岡・博多産の明太子をはじめ、梅干しや昆布などの具を厳選し、注文を受けてから握る温かいおむすびのおいしさは、まさに感涙ものです。

　おむすび同様、手軽に食べられるスパムむすびも、さまざまなバリエーションを味わえます。小腹がすいたとき、ハイキングやトレッキングへ出かけるときに立ち寄ると便利。お弁当や豚汁も丁寧に作られていて、その名のとおりほっと癒される味。アラモアナ・センター、ワイキキ・ショッピング・プラザ、ケアモク通りにも出店しています。

MAP P.155／ワイキキ
2427 Kuhio Ave., Honolulu
(アクア・パシフィック・モナーク1F)
808-921-0168
6:30〜20:00　休 無休
WEB www.tonsuke.com/omusubiya

№ 065 ノースショア名物 ガーリック・シュリンプを食べ比べ

ノースショアへ出かけたら、必ず食べてみたいのがガーリック・シュリンプです。カフクやハレイワの町の入り口にも派手なペイントの屋台がいくつもあり迷うところですが、イチオシはやっぱり『ロミーズ』。意外な穴場が『フミズ』です。どちらも自家養殖池のエビを使っているから、鮮度は申し分なし。その味を、どうぞ食べ比べてみてください。

1.このトラックが目印。2.「バター・ガーリック・シュリンプ」$13。3.ココナッツをまぶして香ばしく揚げた「ココナッツ・シュリンプ」$13。

4.「バター・ガーリック・シュリンプ」$17.75。5.店の裏に養殖池があります。

Fumi's Kahuku Shrimp Truck
フミズ・カフク・シュリンプ・トラック

オイルで炒める店が多いなか、ここはバターを使っているため香りが豊か。しょうゆをちょっと垂らすと、美味しさが増します。スタンドとトラックの2店があり、派手なトラックが止まっているほうがテーブル席が多く、ゆっくり食べられます。

- MAP P.151／オアフ島
- 56-777 Kamehameha Hwy., Kahuku
- 808-232-8881
- 10:00〜19:30　無休

Romy's Kahuku Prawns & Shrimp
ロミーズ・カフク・プロウンズ＆シュリンプ

エビ（シュリンプ）とプロウン（手長エビ）があり、エビはガーリック炒めで、プロウンはスチームしたものをカクテルソースで食べます。いつも行列していて1時間待ちは珍しくありませんが、午前中の開店直後は比較的並ばずに食べられます。

- MAP P.151／オアフ島
- 56-781 Kamehameha Hwy., Kahuku
- 808-232-2202
- 10:30〜17:45　無休

厚さ2cmはあるチキンのサンドイッチ
「チキン・タングス」$10.95。

シーズニングしたタコとワカモレの
「タコバーガー」$19.95。

№066 変わりだねハンバーガーにかぶりつく！

HAWAII WISH LIST **Hot** 2017 UPDATE

インテリアからは80〜90年代の香りがぷんぷん！

Franky Fresh
フランキー・フレッシュ

「うわ、これどうやって食べればいいの〜!?」というほど、超ボリュームのハンバーガー。見た目はヘビーですが、地元ハワイの野菜やハワイ島産の牧草牛など、ローカルの食材にこだわったグルメバーガーの店。変わったところでは、タコを使ったメニューもあり、シェフはあのイタリアンの人気店『アランチーノ』や、フレンチの名店『ミシェルズ』で腕を奮っていた経歴の持ち主というのですから、味のほうも期待して間違いありません。

80年代のヒップホップ・ミュージックをテーマに、オーナーが自分の手で仕上げた店内のインテリアが楽しく、レコード盤をイメージしたメニューには、ミュージシャンの名前をもじった料理が並びます。さらに懐かしいファミコン・ゲームで遊べるスペースも。BGMはもちろん、アップテンポのヒップホップ。そのリズムに合わせ、大口を開けて手づかみで豪快に召し上がれ！

MAP P.153／ホノルル
3040 Waialae Ave., Honolulu
808-744-7728
11:30〜17:45
休 無休

まずは、シンプルな「マルゲリータ」$18を。生地そのものの旨みがよくわかります。

昼間でも店内は薄暗いけれど、健全な店なので安心して立ち寄って。

№ 067　ハワイ・ナンバーワンのピザをダウンタウンで

Must
POPULAR HAWAII

J.J. Dolan's
ジェイジェイ・ドーラン

　アメリカのピザは、薄いクラストのニューヨーク・ピザと、分厚い生地が特徴のシカゴ・ピザに大別され、私の好みは前者のほう。薄くてクリスピーで、ビールとも相性の良いピザが食べたい！　その理想の味に、ダウンタウンで巡り合いました。「全米ピザパーラー・トップ100」にハワイで唯一、しかも2年連続で選ばれている店。このランキングは、チェーン展開を除いたピザ専門店の売り上げを競うもので、つまりハワイで一番、売れているピザというわけ。

　トマトソースは自家製。オニオン、トマトやバジルなどのハーブ類は地元ハワイのものを使っています。生地そのものに旨みがあり、熱々はもちろん、冷めるとより香ばしさが感じられます。女性でもひとりで1枚、ぺろりと平らげられる軽さ。ホノルルでおいしいピザが食べたくなったら、駆け込みましょう。

MAP　P.152 ／ダウンタウン
🏠　1147 Bethel St., Honolulu
📞　808-537-4992
🕐　11:00 ～翌2:00
休　日曜
WEB　www.jjdolans.com

N0 068 コーヒー専門店の絶品ポケ丼にうなる

Island Vintage Coffee
アイランド・ヴィンテージ・コーヒー

Must

サンドイッチなど、すべてのフードメニューが高レベルのおいしさ。

ハラペーニョ入り「スパイシー・アヒ」$14.95。ごはんはヘルシーな雑穀米をチョイス。

　コーヒー専門店なのに、ポケ丼がおいしい。この店のポケ丼は、もはやカフェ飯のレベルを超えた旨さなのです。
　ポケ（ポキとも発音します）は、伝統的なハワイ料理のひとつで、ハワイでは「アヒ」と呼ばれるマグロや、タコなどをひと口大の角切りにし、しょうゆ、ごま油、ネギなどと和えたもの。ほとんどのレストランのメニューやスーパーにも並び、ご飯にのせたポケ丼も専門店があります。
　数多の店があるなか、鮮度にこだわり、使用部位まで指定して作るこの店のアヒポケは、しょうゆ、スパイシー、ハワイアンチリなどの味付けから選べます。見た目が華やかで、栄養バランスを考え野菜や海藻がトッピングされているのも女性に人気の理由。アサイボウルが有名ですが、意外なメニューのレベルの高さに、ひと口食べると思わずうなります。

→ P.84

アヒポケは1ポンド$18（写真は約1/4ポンド）。

プレートランチの人気メニュー「ベイクドアヒ」$9。

その日釣れたマグロを店内で調理します。

№ 069 マグロの殺し屋に会いに行く

Ahi Assassins
アヒ・アサシン

マグロのほかマヒマヒ（シイラ）など、その日入荷した魚のサイン。

　ハワイ近海で捕れるマグロはおいしいことで知られ、ホノルル港の魚市場では日本の築地のようなセリも行われています。その市場を通さず、漁師さん自ら釣ってきたマグロでポケを作っている店があると聞き、出かけて行きました。

　幸運なことに、この日、水揚げされたばかりのマグロが店内に運び込まれるタイミングに遭遇！　素早く切り分けられたマグロはポケになるほか、プレートランチ用に調理したり、刺身や切り身としても売られます。新鮮なポケは切り身のエッジが立ち、シャキッとした歯ごたえ。

しょうゆ、チリ、マヨネーズ、少し甘めのハワイアンスタイルなどの味付けがありますが、シンプルなしょうゆが素材そのもののおいしさを味わえます。

　「Assassin（アサシン）」とは、「殺し屋」という意味。おいしいポケを食べさせてくれる愛すべき殺し屋です。

MAP　P.153／ホノルル
2570 S.Beretania St., 2F, Honolulu
808-439-4045
11:00〜19:00（月・火曜〜17:00）
休　日曜
WEB　www.ahiassassins.com

ツーリストはもちろん、地元の人からも愛される『ワイラナ・コーヒー・ハウス』。

朝食メニューは24時間提供。ただし、オックステールスープを味わえるのは木曜日だけ。

No.070 ロコに評判のオックステールスープを食べ比べ

牛テールの余分な脂を茹でこぼし、コトコト煮込んで作るオックステールスープも、ハワイのローカルフードの代表。肉の塊がゴロゴロ入っていて見た目はボリュームがありますが、あっさりしたスープは胃にじんわりしみ渡る優しい味。

各店、自慢の味を競うなかから、地元の人に愛される3軒をご紹介します。

食べ方は、おろししょうがとしょうゆを混ぜたタレでお肉を食べ、残ったスープにご飯を投入。お肉には、辛子やチリソースをつけてもおいしいですよ。

Wailana Coffee House
ワイラナ・コーヒー・ハウス

24時間営業のファミレスですが、オックステールスープは毎週木曜限定メニュー。午前11時から提供され、これを目当てに訪れる人も多いため、売り切れ御免。夕方までに訪れれば、確実に食べられます。

パクチーをのせる店が多いなか、中華白菜のボクチョイがたっぷり$13.95。

MAP P.154／ワイキキ　1860 Ala Moana Blvd., Honolulu
TEL 808-955-1764　24時間　休 水曜0:00～6:00

Zippy's ジッピーズ

1966年創業。ハワイ生まれのファミレスはオアフ島に22軒あり、キング通りのここが1号店。豚骨のような脂が浮いているものの、味はすっきり。スープの底でくたくたになったピーナッツもいい味出しています。

たっぷりのせられたパクチーを、肉と一緒に食べるのがオススメ $16.95（変動あり）。

MAP P.152／ホノルル　1725 S.King St., Honolulu
TEL 808-973-0877　6:00～24:00（金・土曜は24時間）
休 無休　WEB www.zippys.com

Asahi Grill 朝日グリル

オックステールスープの名店といわれるのがここ。中国系の人に人気だったスープを日系人好みにアレンジしたところ、大評判となりました。にごりのないスープが特徴で、一度食べると、病みつきになります。

カレー、丼物や和食メニューも評判。

肉は箸ですっと切れるほど柔らか。日本人好みの優しい味付けです$13.95。

MAP P.152／ホノルル　815 Keeamoku St., Honolulu
TEL 808-744-9067　6:30～23:00　休 無休

「ビーフ・コンビネーション」$9。「シーフード」、お肉を使わない「ベジ・トウフ」もあります。

NO 071 土曜日は2杯目半額のフォーを食べる

DEEP MANIAC

Pho Tri
フォー・トリ

EVERY SATURDAY 50% OFF SECOND PHO

ホノルルにベトナム料理店は多く、土曜日はここが人気。

　ハワイ滞在中、最もよく食べるのがフォーです。透き通ったスープに平たいライスヌードルが入ったベトナム料理の定番は、あっさりしていて疲れ気味の胃にも優しい。ハワイ到着日に、取材中のランチに、そして友人と「今日、何食べに行こうか？」というときも、登場頻度は他料理を圧倒しています。

　一番のお気に入りは、カイムキの『S』。すぐ近くの『H』は、少し贅沢したいときに。マッカリーの『P』、最近ではダウンタウンの『T』など、それぞれのお店によってスープと付け合わせの野菜やハーブが少しずつ異なるので、何日続いても飽きることはありません。

　そのなかで、土曜日に食べるならここ。2杯目が50％オフになるのだから、行かない手はないですよね。「ひとりで2杯も食べられない……」なんて心配は無用。ふたりで訪れて1杯ずつ注文しても、ひとり分は半額になります。

MAP　P.152／ホノルル
🏠　1307 Kalakaua Ave., Honolulu
📞　808-953-2279
🕐　10:30 ～ 14:30、17:30 ～ 21:30
休　火曜のディナー

鮮蝦腸粉
（エビの腸粉）
$4.95

煎韮菜包
（ニラまんじゅう）
$3.95

春巻 $3.95

小籠包 $3.95

珍珠雞 $3.95

焼賣（シュウマイ）
$3.95

粉果（米粉の皮の
餃子）$3.95

№ 072　週末のブランチに ダウンタウンの飲茶

Legend Seafood Restaurant
レジェンド・シーフード・レストラン

　週末にホテルのサンデーブランチもいいけれど、4人揃ったら絶対に飲茶です。この人数が肝心で、いろいろな料理を最も効率よく食べられるのが4人なのです。ここは、ロコの間で「飲茶といえば、レジェンド」と名前が上がる人気店。メニューは50種類以上あり、1皿$2.95〜5.95。オーナーが年に1回、香港へ出かけて新しい料理を探してくるため、常に本場の新しい味が並びます。

　ワゴンが回ってくるのを待ちきれず、追いかけていってまで注文するのが、ニラとエビがみっしり詰まったニラまんじゅう。プルンとした食感の腸粉は、エビをチョイス。ちまきもおいしいけれど、おなかいっぱいになってしまうから、1個を半分に切ってもらってふたりで分けて。大根モチ、小籠包、エビ餃子もマスト。エッグタルトとゴマ団子用に、別腹を残しておくことも忘れないで！

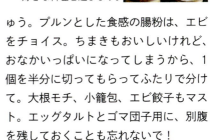
湯気を上げながら近づいてくるワゴンから、好きな料理を選びます。

🗺 P.152／ダウンタウン
🏠 100 N. Beretania St., Honolulu
　（チャイナタウン・カルチュラル・プラザ1F）
📞 808-532-1868
🕐 10:30〜14:00(土・日曜8:00〜)、17:30〜21:00
　※飲茶はランチタイムのみ　休 無休
🌐 www.legendseafoodhonolulu.com

「コンビネーション」$26。中央は豚肉とクレソンのスープ「ソルトミート・ウォータークレス」$16.90。これで2〜3人分のボリュームです。

「オノ」は「おいしい」という意味。50年以上続く名店です。

NO 073 ハワイの伝統料理を試してみる Must

Ono Hawaiian Food
オノ・ハワイアン・フード

　伝統的なハワイ料理といえば、タロイモをすりつぶして発酵させたポイ、肉や魚をタロの葉に包んで蒸したラウラウ、塩漬けにした豚肉を蒸し焼きにしてほぐしたカルアポークなど。どれも見た目は地味で、初めて食べたときにはとびっきりおいしいと感じたわけではないのだけれど、回を重ねるたびどんどん好きになっています。そんな伝統料理を忠実に再現する店が少なくなってきているなか、いつ訪れても変わらぬ味を提供し続けている貴重な1軒です。

　主食のポイは、少々不気味な紫色とドロッとしたテクスチャー、独特の酸味に好き嫌いが分かれるのですが、カルアポークやロミサーモンと混ぜると、まったりした食感に塩気が絡んでなんともいえないおいしさになります。まずは、代表的な料理をセットにした「コンビネーション」から試してみましょう。

MAP P.153／ホノルル
726 Kapahulu Ave., Honolulu
808-735-2275
11:00 〜 20:00
休 日曜

ハワイ料理の定番「ポケ」 / カフク産シュリンプ / ワイアルア産アスパラとカムエラ産トマト / ポルトガル・ソーセージとキムチのチャーハン / ムール貝とアサリのスチーム / しょうゆ味のショートリブ / 巻き寿司といなり寿司 / 「Mochi」とは大福のこと！/ フルーツもたっぷり！

№ 074 ハワイの創作料理50種類以上を食べ放題で楽しむ

Kai Market
カイ・マーケット

ディナービュッフェは大人$55（金・土・日曜$60）、子ども$25。

　コンセプトは「Farm to Table（農家から食卓へ）」。シェフ自らが生産者を訪ね仕入れてきた食材を中心に、ハワイの伝統料理はもちろん、他民族文化から生まれたローカル料理にヒントを得た創作料理をビュッフェで味わえます。

　50種類以上並ぶ料理は、おなじみのポケをはじめとした魚介料理、チャイニーズ風の炒めものやローストダック、韓国風味つけのキムチチャーハンも。その場で切り分けてくれるローストビーフ、ラザニアなどの洋風料理に、デザートはトロピカルフルーツに『テッズベーカリー』のパイ、大福まで。それぞれに食材の産地と調理法が簡単な英語で紹介され、読んでみると改めてこの島の食材の豊かさ、食文化の多様性に驚かされます。

　言葉の心配もなく、好きな料理が食べ放題。おいしいだけでなく、ハワイの食への関心も高まるレストランです。

MAP P.155／ワイキキ
2255 Kalakaua Ave., Honolulu（シェラトン・ワイキキ1F）
808-921-4600（予約専用）
6:00～11:00(最終着席10:30)、17:30～21:30(最終着席21:00)
休 無休
WEB jp.sheraton-waikiki.com/kaimarket.htm

№ 075

強面(こわもて)のお兄さんたちが集う工場街のレストランへ

Ethel's Grill
エセルズ・グリル

　周りは雑然とした工場街。暗くなったら決して一人では歩けない場所にあるレストランですが、昼間は行列ができる人気店です。メニューのアタマに"Sumo"が付くほどボリュームある料理が評判で、名物「スモウ・サイミン」は大きな洗面器みたいな器で出てきます。家族連れやグループのお客さんは、これをスープ代わりにアヒの刺身、モチコチキン、ポークチョップなどを食べるのが定番のよう。警察官やマッチョ系など強面のお客さんも多く、みなさんの豪快な食べっぷりに圧倒されつつ、こちらもつられてモリモリ食べてしまう店です。

「エセル」は元のオーナーさんの名前。38年前、涼子さん夫妻が引き継ぎました。

　女将さんの涼子さんは沖縄出身の日本人。一見、ぶっきらぼうで、注文に時間がかかったり、せっかくの料理を残したりすると叱られることがありますが、忙しくないときはとても気さくにお店の歴史など話してくれます。某TV番組で「汚いけど、おいしい店」などと紹介されたけど、そんなことはありません。気持ちよく食事ができます。

MAP P.151／オアフ島
232 Kalihi St., Honolulu
808-847-6467
6:00 〜 14:00
休 日曜

1. 名物メニューのひとつ「モチコチキン」$8.50。メイン料理にはご飯とサラダ、味噌汁が付きます。 2.「タコライス」$8.75 と、ほとんどの人が注文する「タタキサシミ」はアヒ（マグロ）の刺身 $12。

ポークチョップ、焼きそば、刺身、オムレツライス、さらに定食についてくるご飯まで完食！ 気持ちいいほどの食べっぷりです。

1. 「チョップド・アヒ・サシミ」$23.50は、ワンタンチップ、アボカド、アヒ（マグロ）の三段重ね。 2. 「トゥワイス・クックド・ショートリブ」$42。コチュジャンソースで味付け、煮含めたシイタケをトッピング。 3. ココナッツのシェルに見たてたのはチョコレート。「ザ・ココナッツ」$14。 4. マウイラムをはじめ、フルーツもハワイ産のものだけで作った「マイタイ」$17。 5. 予約必須。記念日ディナーにオススメです。

NO 076 ハレアイナ賞最多受賞のレストランへおしゃれして出かける

Alan Wong's
アラン・ウォンズ

「ハレアイナ賞」とは、ハワイの地元誌「ホノルル・マガジン」の主催により、毎年決定されるグルメ大賞。ベスト・サービス、ベスト・アンビアンス（雰囲気）などいくつかのカテゴリーがあるなか、その頂点に立つのが「レストラン・オブ・ザ・イヤー」の金賞です。この称号を最も多く獲得し、過去には5年連続受賞の快挙をも成し遂げた、名実ともにハワイのトップ・レストランです。

年に1回くらいのペースで訪れていますが、外れたことがありません。毎回、味付けもビジュアルも全く異なる料理が登場し、決して奇をてらっているわけではないのに、味の可能性の扉が次々に開かれていくような感動があります。地元の食材をメインに、日本のワサビや紅ショウガ、韓国のキムチなどを巧みに使っているのも特徴。ハワイを訪れたら一度は足を運び、その料理を味わってみる価値がある店といえます。

MAP P.152／ホノルル
1857 S.King St., Honolulu
808-949-2526
17:00～22:00
無休
www.alanwongs.com

「ビーツとゴートチーズのサラダ」$12は甘酸っぱいリリコイのドレッシングで。

プリプリの身をたっぷり挟んだ「ロブスター・ロール」$18。

№077 常夏のハワイで季節感を楽しむ料理を味わう

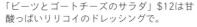

Livestock Tavern
ライブストック・タバーン

バーコーナーで作られるカクテルはネーミングで選んでみて。

　ハワイにも四季はあり、野菜やフルーツの種類や味が変わります。そんな季節感を味わえるレストラン。LAやサンディエゴで修業したシェフが作るのは、1950〜60年代に流行ったクラシックなアメリカ料理を、より洗練された味に仕上げたもの。ローカル産にはこだわらず、その時期に一番おいしいものを使っているそうです。春・夏・秋・冬で変わるメニューのほかに、クラシックな映画のタイトルやセリフをもじったカクテルも楽しみ。スタッフみんなでアイデアを出し合って決めているといい、そんな遊び心と一緒に味わえます。

　このところ、話題のお店が続々とオープンしているダウンタウンで、近くにある『ラッキー・ベリー』とワインバー『ティン・ティン・バー』もこの店のシェフが手がけています。ランチ、ディナー、バータイムと使い分けてみると、シェフの多才さがよくわかりますよ。

- MAP P.152／ダウンタウン
- 49 N. Hotel St., Honolulu
- 808-537-2577
- 11:00 〜 14:00、17:00 〜 22:00
- 休 日曜
- WEB livestocktavern.com

肉厚のホタテをエスニック風ソースで仕上げた「パン・ローステッド・スキャロップ」$35.50。ワインは、この店のために造られたもの。

№ 078

ハレアイナ賞連続受賞を阻む
気鋭の店を訪ねカイムキへ

12th Ave Grill トゥエルフス・アベニュー・グリル

「ホノルルのグルメタウン」と呼ばれるほどレベルが高いレストランが集まるカイムキで、ぜひ訪れてほしいファイン・ダイニングがここ。モダンで開放的な雰囲気もさることながら、アラン・ウォン、ロイズといったハワイのトップシェフが常連だったハレアイナ賞の「レストラン・オブ・ザ・イヤー」を2015年に獲得し、風穴を開けたといわれる店です。

ハワイの食材を多く使っているだけでなく、生ハムやサラミ、ピクルス、チーズ、さらにはマスタードやケチャップも自家製。その自慢の味を盛り合わせた「シャルキュトリ・プレート」は前菜にオーダーしたい一皿です。肉や魚介料理は素材の旨みを閉じ込める熱の入れ方が絶妙。ずっしりと重いワインリストのチョイスに迷ったら、カリフォルニアの小さなワイナリーでこの店のために造るワインを頼めば、間違いありません。

MAP P.153／ホノルル
1120 12th Ave., Honolulu
808-732-9469
17:30～22:00
（金・土曜～22:30、日曜17:00～）
休 無休
WEB 12thavegrill.com

1.開放的な窓際のテーブル席。前菜とワインで軽く食事をしたいときは、バーカウンターもオススメ。2.季節によって内容が変わる「フルーツ・コブラー」$9。3.パーティールームは、記念日のお祝いやウエディングにぴったり。4.おしゃれして出かけたい店。

№ 079 ワイキキの空中庭園で過ごす絶景カクテルタイム

HAWAII WISH LIST
Hot 2017 UPDATE

ゆったりしたソファでくつろぎながら景色を眺められます。オープン直後は夏場だとまだ日が高いので、サンスクリーンとサングラス持参を。

オアフ島のサーフスポットの名前が付けられたオリジナルカクテル「マカプウブルー」$11。

Sky Waikiki
スカイ・ワイキキ

いかがですか？この爽快な光景。「ピンクパレス」(P.142)を足元に、カラカウア通りに連なるビル群と、その向こうに広がる大海原からダイヤモンドヘッドまで、ぐるりと見渡せるここは、ワイキキに出現した空中庭園。テラスの周囲がガラス張りになっていて、空中から街を俯瞰しているような気分を味わえます。

明るい時間ももちろんいいのですが、空の色が変わり始める夕暮れからサンセット、日没後の夜景のきらめき、どの時間帯に訪れても一瞬、言葉を失うような絶景に遭遇できるスポットです。

これだけ素晴らしい景色を楽しめるとあり、オープン前にはエントランスにお客さんが並び始めます。ロコが集まってヒートアップするのは、週末の夜10時過ぎから。その弾けっぷりたるや、かなりのものらしいので、のぞいてみるといいかも。ハワイらしいハイビスカス入りのカクテルや、『アラン・ウォンズ』(P.110)で腕をふるった経験を持つシェフが作る創作料理も評判。メインラウンジでは19時までハッピーアワーがあり、曜日によってテーマが変わるオリジナルカクテルをお得な価格で楽しめます。高所恐怖症

1. 時間を忘れ、見入ってしまう景色です。2. バーカウンターがあるメインラウンジでは、ハッピーアワーのビールやカクテルがお得。3. 空中に張り出したテラス部分を下から見上げたところ。

　の人は、エントランスに近い席やバーカウンター、ラウンジなら足元が見えないので、怖くありません。

　ここはドレスコードがあります。ビーチサンダルや男性の半ズボン、TシャツはNG。ロコたちは目いっぱいおしゃれして訪れます。こちらも思いっきり気合いを入れて乗り込むこととしましょう。

4. ジューシーなパテがおいしい「パーフェクト・チーズバーガー」$15。5.「スパイシーツナ・サシミピザ」$29。

- MAP P.155／ワイキキ
- 2270 Kalakaua Ave., Honolulu（ワイキキ・ビジネス・プラザ19F）
- 808-979-7590
- 17:00〜23:00（金・土曜〜翌2:00）
- 月・火曜
- WEB skywaikiki.com

№080 高級レジデンスホテルのダイニングで食事

BLT Market
BLT マーケット

高い天井とバーカウンター正面の鏡に映り込む景色も爽快！

2016年夏、『ザ・リッツ・カールトン』（P.138）のロビー階にオープンしたばかりのレストラン。ワイキキ・ビーチから心地よい風が吹き抜けるオープンエアのスペースで、朝食からランチ、そしてディナー、カクテルタイムまで地元ハワイの食材をふんだんに使った料理を味わえます。厨房で腕をふるうのは、トランプ・ホテル・ワイキキの『BLTステーキ』でエグゼクティブ・シェフを務めたヨハン・スヴェンソン氏。熟成肉を使ったニューヨークスタイルの料理と異なるのは、旬の野菜や魚を中心に、軽やかな調理法で仕上げていること。朝食に味噌汁や焼き魚などが弁当スタイルで味わえるのも、ホテルのダイニングならではです。

金曜日の夜、ヒルトンのビーチから打ち上げられる花火（P.44）を眺められる絶好のスポットでもあります。ハワイのフルーツを使ったオリジナルカクテルとともに楽しむのがオススメです。

- MAP P.154／ワイキキ
- 383 Kalaimoku St., Honolulu（ザ・リッツ・カールトン・レジデンスワイキキビーチ8F）
- 808-729-9729
- 6:30～22:00　休 無休
- WEB bltmarket.com

ハワイではポピュラーな白身魚「モンチョンのケッパーブラウン・バターソース」$36。

「カインファームのクリーミーマッシュルームリゾット」$24。

ノリとクリスピーライスを散らした「アヒポケ」$16。

1. デリメニューは、時間帯によって変わります。2. スイーツやハワイのグルメフードも販売。3. 大きな窓が気持ちいい2階のワインバー。4. マウイ島のゴートチーズをはじめ、フランス、イタリア各国のチーズ、生ハムが並びます。

№ 081 NEWSなデリで ちょい飲みタイム

Dean & Deluca
ディーン&デルーカ

　ニューヨーク生まれで、日本でも人気のデリカテッセンがついにホノルルにオープン。NYスタイルのフードメニューとともに、『BLTマーケット』(P.116)のシェフのレシピを、手軽なデリメニューで味わえます。ポケ、フライドライスなどのローカル料理、地元の人気店から届くスイーツも楽しみ。特にアヒポケはその日、入荷した新鮮なマグロだけで作られるため、売り切れ必至の人気料理。チョコレートやジャム、コーヒーなどハワイメイドの食品雑貨に、おなじみのトートバッグもハワイ店限定ロゴ入りがあり、おみやげ探しにも立ち寄りたい店です。

　店内奥の階段を上ると、ビオワインとともに40種類以上のチーズを楽しめるワインバーがあり、軽い食事やちょい飲みに使えます。ワイキキ周辺に明るい時間からワインを楽しめる店は多くないので、覚えておくといいですよ。

MAP P.154／ワイキキ
383 Kalaimoku St., Honolulu (ザ・リッツ・カールトン・レジデンス ワイキキビーチ1F)
808-729-9720
7:00〜21:00
無休
deananddeluca.com

1. カレーの下にカニ肉がみっしり！「イエローカレークラブ」$35。
2. 「クライング・タイガー」はタイ風のソースで食べるステーキ$37.95。3.「アングリー・オーシャン」は豪華なシーフードの盛り合わせ$51。

№082 宮廷風タイ料理で王室のお姫様気分に

Noi Thai Cuisine
ノイ・タイ・クイジーン

掘りごたつのようになった奥の座椅子がくつろげます。

　移民文化の影響が色濃く残るハワイは、エスニック料理の宝庫。ベトナム、中国、タイ、韓国などの本場の味を、日本よりずっと手ごろな価格で楽しめます。そのハワイにあって、高級感で異彩を放つレストラン。贅を尽くしたタイ料理が、スノッブなローカルや欧米からのツーリストの間で話題になっています。

　中部地方の伝統的な料理に地元の食材を取り入れ、ハワイらしさを出しているのが特徴。エスニック好きで、日本でもハワイでもタイ料理店にはよく行く私も、こんな豪華版は初めてです。魚介を盛り合わせたプレートの絢爛さといい、イエローカレーのカニ肉のボリューム、タイ風ディップソースで食べるステーキなど、クッション付きの座椅子に座って食べていると、タイ王室のお姫様になったような気分です。たまにはこんな贅沢エスニックも悪くありません。

MAP P.155／ワイキキ
🏠 2301 Klakaua Ave., Honolulu
（ロイヤル・ハワイアン・センター C館3F）
📞 808-664-4039
🕐 10:30〜23:00　休 無休
WEB honolulu.noithaicuisine.com

№ 083

1800年代のハワイへタイムスリップ

Eating House 1849 by Roy Yamaguchi
イーティング・ハウス 1849 バイ・ロイ・ヤマグチ

ハワイのトップシェフのひとり、ロイ・ヤマグチ氏が新たにオープンしたレストランは、1800年代半ばのハワイをイメージした店。店名にある「1849」とは、ポルトガル人P・フェルナンデス氏がハワイ初となるレストランをオープンした年。当時からハワイの食材にこだわっていた人物といわれ、ハワイの地産地消ブームをけん引してきたヤマグチシェフの氏に対する敬意が込められています。

トタン屋根のバーカウンターとウッドデッキのフロアは、『ロイズ』とはひと味もふた味も異なるカジュアルな雰囲気。

ハワイ、ポルトガル、日本、そしてアジア各国のテイストを取り入れた多国籍な料理も、斬新なテクニックで目と舌を楽しませてくれます。場所は、インターナショナル マーケットプレイス(P.30)の最上階テラス。ワイキキのまん中で、開拓時代のハワイの雰囲気を味わえます。

- MAP P.155 /ワイキキ
- 2330 Kalakaua Ave., Honolulu（インターナショナル マーケットプレイス グランドラナイ）
- 808-924-1849
- 11:00 〜 15:00、17:00 〜 22:00 休 無休
- www.eatinghouse1849.com

手前は、「ハワイ・ランチズ・ビーフロコモコ」$23。フライドライスにハワイビーフのパテ、地元産の卵がのっています。カクテルにはハワイ産のラムやフルーツを使用。

No.084 カイムキの人気シェフが手がける最新スポットへ

Mahina & Sun's
マヒナ＆サンズ

プールサイドの開放的なレストラン。

『タウン』『マッド・ヘン・ウォーター』『カイムキ・スプレッド』(P.91)の人気店を手がけるシェフ、エド・ケニー氏がついにワイキキに出店！と大いに話題になっているのは、ザ・サーフジャック(P.136)のプールサイド・レストラン。ローカル密着型にも思えるシェフがワイキキの、しかもホテル内へ出店した理由を尋ねてみたら、「ツーリスト相手の店が増えたことで、ワイキキを離れたロコたちが再び戻ってきたくなる場所にしたい」というホテル側の情熱に賛同したからだといいます。

『タウン』同様、ハワイ産のオーガニックな食材を使うコンセプトはそのままに、魚介を多く使い斬新な料理を提供。より勢いがあり遊び心が感じられるのは、シェフの心意気の表れかもしれません。料理はもちろん、これからどんなお客さんが集まる店になるのかも楽しみです。

MAP P.154／ワイキキ
412 Lewers St., Honolulu
（ザ・サーフジャック・ホテル＆スイム・クラブ1F）
808-924-5810
6:30～24:00 休無休
WEB surfjack.com/eat-shop

1.「Auku」($32)はメカジキのグリル。2.タコ足まるごと1本タルタルにした「Town Aku」$15は、本店のタウンでも人気のメニュー。

No. 085 ホノルル港の38番埠頭で悩む

HAWAII WISH LIST Hot 17

Harbor Restaurant at Pier 38
ハーバー・レストラン・アット・ピア38

1. 窓が開け放たれるサンセットタイムが楽しみ。2.「イカスミ・パスタ」$24と、「ビーツサラダ」$14。エビとビーツは、もちろんオーブンで焼いたもの。

「ピア38」と聞いてピンと来た人は、かなりハワイを溺愛するリピーターさん。最近、ホノルル港の38番埠頭で、1階にある人気店に行くべきか、それとも2階に新しくオープンした店にすべきか、悩む人が増えているといいます。

1階の人気店とは、すぐ目の前にある魚市場でセリ落としたマグロを使い、アヒポケや「ふりかけアヒ」といった料理が評判の『ニコズ・ピア38』。階上にオープンしたのが、こちらです。魚料理中心のニコズに対し、世界に数台しかないスペイン産のオーブンを使い、キアヴェの薪で焼き上げるステーキや野菜など、スモーキーなグリル料理がウリです。でも、一番の自慢は、店内の三方向に広がるハーバービュー。夕方になると窓が全開になり、目の前のハーバーに沈むサンセットを楽しめます。さあどっちの店を選ぶか、納得するまで迷ってください!

MAP P.151／オアフ島
1129 Nimitz Hwy., Honolulu
808-550-3740
11:00〜21:00
(15:00〜18:00はハッピーアワー)
休 無休
WEB harborpier38.com

名前のとおり、ハーバービューが自慢のレストラン。

No.086 ブームのクラフトビールでのどを潤す

HAWAII WISH LIST 2017 Hot UPDATE

　へなちょこながらランニングを続けているのも、夕方からちょっとだけ水分を控えるのも、すべては夜においしいビールを飲むため。でも、ハワイではそんなことしなくても、いつ飲んでもビールはおいしい。さらにうれしいことにハワイは今、空前のクラフトビール・ブーム。できたてフレッシュなビールを味わえるブリュワリーパブがどんどん増えています。ぜひとも訪れてほしいのは、カカアコにある人気店と、オープンしたばかりの店。明るい時間から繰り出して、ロコに交じってビールで乾杯しましょう！

Beer Lab Hawaii
ビア・ラボ・ハワイ

定番のIPA、変わったところではコーヒー風味など8種類。新たに仕込むたびに少しずつレシピに改良を加え、「だからレシピは数100種類だよ」と醸造担当のケビンさん。フードは持ち込み制、気に入った味は缶ビールにして日本に持ち帰れます。

1.缶ビールは$13～。その場で詰めてもらえ、2～3週間までが飲みごろ。2.ニックさん（右）とケビンさんが2016年2月にオープン。

テイスティング・サイズ各$2.50。
1パイント$6.50～。

MAP P.153／ホノルル
🏠 1010 University Ave., Honolulu
📞 808-888-0931
🕐 火・水・木曜16:00～22:00、
　金曜16:00～24:00、
　土曜15:00～24:00
休 日・月曜
WEB www.beerlabhi.com

明るい時間から大賑わいの『ホノルル・ビアワークス』。早く飲みたくて、うずうずしてきませんか？

Honolulu Beerworks
ホノルル・ビアワークス

話題の飲食店やギャラリーが集まるカカアコで、ハワイのクラフトビール・ブームの火付け役ともいえる店。倉庫を改装した店の奥にブリュワリーがあり、できたてが届きます。ボリューム満点のマカロニチーズ、ミニハンバーガーなどのアメリカ料理はランチにもぴったり。午後3時過ぎから込み始めるので、早めの時間から飲み始めるのがオススメです。

- MAP　P.152／ホノルル
- 🏠　328 Cooke St., Honolulu
- ☎　808-589-2337
- 🕐　11:00～22:00（金・土曜～24:00）
- 休　日曜
- WEB　www.honolulubeerworks.com

3

3.もとは縫製工場だった倉庫がブリュワリーに。**4.**定番のビールは9種類。1パイント（約470ml）$6.75、4オンス（約120ml）のテイスティング・サイズ$2も。

Chapter 3 / GOURMET

123

№ 087 ローカル料理のボリュームにノックアウトをくらう

トタン屋根の倉庫みたいな店構え。最初に訪れるときはちょっと勇気が必要かも？

Home Bar & Grill
ホーム　バー＆グリル

　ポークチョップで有名な『サイド・ストリート・イン』が大好き！　ですが最近、ツーリストにもすっかりおなじみになってしまい、もうちょっとローカルっぽい店はないものかと探して見つけたのがここです。とにかく料理のボリュームがすごいのです。山盛りのナチョス、ハワイアンチリとポン酢風ソースで食べるアヒ（マグロ）の刺身は、ワイキキのレストランで同じだけ食べたら倍以上するに違いありません。そして、リブアイステーキに、キムチと目玉焼きをのせる大胆さ。これらの料理を手がけるシェフは、『アラン・ウォンズ』（P.110）、『ラ・メール』などでスーシェフを務めた腕前の持ち主。その料理を目当てに2011年のオープン以来、評判が評判を呼び、またたく間に人気スポットになりました。
　お酒を楽しむ店でありながら、午後2時オープン。18時までのハッピーアワーは、ビールやおつまみ類が安くなります。

1. 手前から「キムチステーキ」$27、「アヒの刺身」$19、「ナチョス」$11。3人でも食べきれないボリューム！
2. 店内はスポーツバー風。

MAP P.152／ホノルル
1683 Kalakaua Ave., Honolulu
808-942-2237
14:00 〜翌2:00
無休

№ 088 穴場のテラスからダイヤモンドヘッドを眺める

ワイキキの東端、ゆる〜い雰囲気が落ち着きます。

Kulana Terrace Restaurant
クラナ・テラス・レストラン

　目の前がカピオラニ公園。障害物がなく、ダイヤモンドヘッドの額から尻尾までを迫りくるような迫力で見渡せるスポットです。サンセットが始まる少し前に訪れ、少しずつオレンジ色に染まっていく様子を眺めていると、ちょっとしたドキュメンタリー映画を観ているよう。ご覧のように、決しておしゃれなテラスではありません。店の一角では昭和の雰囲気漂うハワイアン・ミュージックの生演奏とフラが披露され、それもこの雰囲気に合っています。素晴らしいロケーションなのに華やかさに欠けるせいか観光客は少なく、意外な穴場。賑やかなワイキキの夜に疲れたら、こんな場所にエスケープするのもいいかも？

　ワイキキの東端に当たるため、朝はダイヤモンドヘッドから上る朝日を眺めることができ、朝食ビュッフェはほかのホテルに比べぐんとリーズナブルです。

MAP P.155／ワイキキ
150 Kapahulu Ave., Honolulu（クイーン・カピオラニ・ホテル3F）
808-931-4448
6:00〜10:00（朝食ビュッフェ）、11:00〜21:00
休　無休
WEB　www.queenkapiolani.com/area-dining.htm

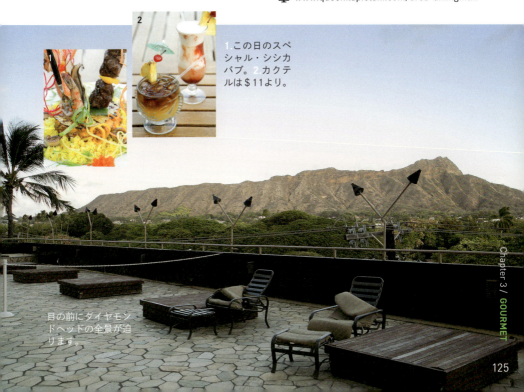

1 この日のスペシャル・シシカバブ。2 カクテルは$11より。

目の前にダイヤモンドヘッドの全景が迫ります。

No.089 伝説のティキバーで
オールドハワイを感じる

DEEP MANIAC
OAHU ISLAND

La Mariana Sailing Club
ラ・マリアナ・セイリング・クラブ

ヨットハーバーに面し、ホノルル空港から飛び立つ飛行機も見えます。

　ティキ像とは古代ハワイアンが神様をイメージして木彫りしたもの。エントランスから続く小径でそのティキが迎えてくれることから、「ティキバー」の愛称で親しまれている老舗レストランは1957年の創業。ハワイがアメリカ合衆国の50番目の州になる前からある、歴史ある店です。もとはヨットクラブの会員専用の場所でしたが、現在は一般に開放され、地元の人や欧米からのツーリストが訪れるようになっています。

　ビーチハウス風の小部屋に分かれた店内は、すべてがのんびりしていて時間が止まったような空間です。エアコンが効いてなくて少し暑いのだけど、それがまた懐かしさを駆り立てるのです。サンドアイランドの少し不便な場所ですが、ワイキキからタクシーで15〜20分、アラモアナからは10分程度。ちょっとまったりしたいときにオススメです。

MAP P.151／オアフ島
🏠 50 Sand Island Access Rd., Honolulu
☎ 808-848-2800
🕐 11:00〜15:00、17:00〜21:00
（15:00〜17:00は前菜とドリンクのみ提供）
休 無休
WEB www.lamarianasailingclub.com

おしゃべりの声が心地よく響き、いにしえのハワイへと誘います。

地元の人、軍関係の人たちの間では人気のスポット。

「コンボ・ププ」$11、「アヒポケ」$15、ローカルビールは$7〜。

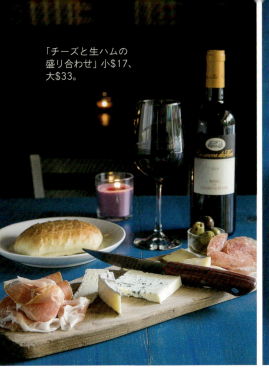

「チーズと生ハムの盛り合わせ」小$17、大$33。

人気メニューのひとつ「タコサラダ」$17。

NO 090 ワイキキの隠れ家ワインバーで深夜に1杯

DEEP MANIAC

Il Buco イル・ブッコ

イタリアワインを中心に100種類以上。グラスワイン$8〜、ボトル$35〜。

ワイン、スプマンテ1杯から利用でき、午前2時の閉店まで粘っても、ワイキキ内のホテルまで安全に歩いて帰れる。そんな願ってもないワインバーがあるのは、アラワイ運河沿いのホテル『ワイキキ・サンド・ヴィラ』のプールサイド。ロビー階の奥まったところにあり、外からは気が付きません。時々、ひとりで滞在するホテルなのですが、その私ですらしばらく存在に気が付かなかったほどです。

一枚板のカウンター、古材の天井、壁一面に埋め込まれたワインボトルなど、内装は店長がお友だちと手作りしたもの。その温かみにひかれ、お酒は飲めないけれど食事だけを楽しみに来る常連さんもいます。サラダやフレッシュパスタを使った料理はバーのレベルを超えていて、どれも本格的。こういうお店を1軒知っていると、食事のあとにもう1杯飲みたいときや、ひとりの食事にも便利です。

- MAP P.155／ワイキキ
- 2375 Al Wai Blvd., Honolulu（ワイキキ・サンド・ヴィラ1F）
- 808-921-3210
- 18:00〜翌2:00
- 休 無休
- WEB sandvillajapan.com/restaurants

№ 091 元ミス・ハワイの フラとサンセットに うっとりする

House Without a Key
ハウス・ウィズアウト・ア・キー

「鍵のない家」の名前の通り、予約なしでふらりと訪れることができるレストランです。場所が『ハレクラニ』(P.140)と聞くと敷居が高く感じられますが、ドレスコードはリゾートカジュアル。朝食、ランチからディナーまで、いつでもゲストを温かく迎えてくれます。そのなかで一番のおすすめは元ミス・ハワイがフラを舞うカクテルタイム。海を背景にしたステージが、それはそれは美しいのです。

　この風景に2016年夏、大きな変化が訪れました。ステージを見守るように枝を広げていたキアヴェの大樹が突然、倒壊してしまったのです。知らせを聞き地元の人ばかりか、ここを訪れたことがある世界中のファンが悲しんだといいます。1カ月後に訪れたとき、樹齢100年を超えた木は芝生の上に静かに横たわっていました。2017年、創業100年を迎えるホテルにその姿はすでにないかもしれませんが、この場所を訪れたことがある人たちの記憶にずっと残り続けることでしょう。そして、新しい風景のなかで披露されるフラを楽しみに、また多くの人が訪れるに違いありません。

歴代のミス・ハワイが交代で登場する夕刻からのエンターテインメント・タイムはハレクラニ名物のひとつ。シャワーのような雨が降ったあと、ダイヤモンドヘッドの方向に虹が架かることがあります。

- MAP　P.154／ワイキキ
- 2199 Kalia Rd., Honolulu(ハレクラニ内)
- 808-923-2311
- 7:00 〜 21:00
- 休　無休
- WEB　www.halekulani.com/jp/restaurant/house.php

ステージのうえに大きく枝を広げていたキアヴェの木。すでにその姿はありませんが、夕刻のフラは変わることなく楽しめます。

テーブルチャージはひとり$5。オリジナルカクテルはもちろん、ディナーメニューも揃っています。

「ロイヤル・マイタイ」$15。ほかに10種類以上のマイタイのバリエーションがあります。

Mai Tai

「タパ・バー」で作られたたカクテルがオリジン。現在はヒルトン内のバー、レストランで味わえます$12。

Blue Hawaii

№092 ハワイ生まれのカクテルのヒストリーを知る

Must

ハワイのカクテルが、ますます進化しています。地元産のトロピカルフルーツとともに、最近はマウイ島やカウアイ島で造られるウォッカやラムを使い、100％ハワイメイドのカクテルも楽しめるようになってきました。

とはいえ、ハワイ生まれのカクテルの存在を忘れることはできません。ひとつは「ピンクパレス」(P.142)の愛称をもつホテルの「マイタイ」。カリフォルニア発祥のカクテルですが、このホテルでもオリジナルのマイタイを作ったところ、あまりに人気となったため1959年、カクテル名を冠したバーをオープンしました。もうひとつは、ハワイ滞在中の故エルビス・プレスリーのために『ヒルトン・ハワイアン・ビレッジ』で作られた「ブルー・ハワイ」です。このふたつは、やっぱりワイキキ・ビーチに一番似合うカクテルなのです。

Mai Tai Bar マイタイ バー

オーシャンフロントのバーでは、50年以上前のオープン時と変わらぬレシピで作る「ロイヤル・マイタイ」を味わえます。

- MAP P.155／ワイキキ
- 2259 Kalakaua Ave., Honolulu（ロイヤル ハワイアン ラグジュアリー コレクション リゾート1F）
- 808-923-7311
- 10:00～23:30　休 無休
- WEB jp.royal-hawaiian.com/dining/maitai.htm

Tropics Bar & Grill
トロピクス・バー＆グリル

ビーチを目の前に、食事やカクテルを楽しめるレストラン。金曜夜の花火を眺められるスポットとしても人気です。

- MAP P.154／ワイキキ
- 2005 Kalia Rd., Honolulu（ヒルトン・ハワイアン・ビレッジ　アリイ・タワー 1F）
- 808-949-4321
- 7:00～10:00、11:00～23:00　休 無休
- WEB hiltonhotels.jp/hotel/hawaii/hilton-hawaiian-village-waikiki-beach-resort/dining

Chapter 4
STAY

泊まりたい！ 過ごしたい！ 8のこと

旅の満足度を大きく左右するのがホテル選び。老舗のラグジュアリー・ホテルの素晴らしさはいわずもがな、NEWオープンやリニューアル情報も忘れずチェックして。ハワイで暮らす気分を味わうなら、キッチン付きのお部屋もオススメです。

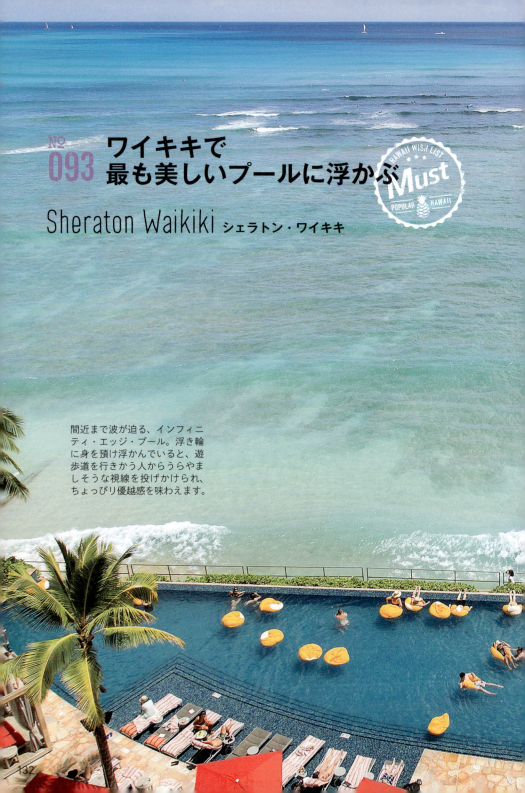

No. 093

ワイキキで最も美しいプールに浮かぶ

Sheraton Waikiki シェラトン・ワイキキ

間近まで波が迫る、インフィニティ・エッジ・プール。浮き輪に身を預け浮かんでいると、遊歩道を行きかう人からうらやましそうな視線を投げかけられ、ちょっぴり優越感を味わえます。

朝・昼・夕刻、そのプールはビーチを行きかう人の羨望の的

　ワイキキ・ビーチに連なるホテルのなかでも、いえオアフ島中を探しても、これほど海に近いプールはありません。海との間には人ひとりが通れるほどの遊歩道があるものの、その下にはすぐ波が迫り、水面に浮かんでいると、そのまま波に乗って沖まで流れていけそうです。

　海に向かって足を投げ出している人たちの気持ちよさそうなこと。遊歩道を歩く人と目が合うと、「ここ、いいだろ？」とでもいわんばかりに、シャカサインとともに笑顔を投げかける人もいます。

　最も美しいのは朝。前夜の冷たさがわずかに残る水に体を沈め、ダイヤモンドヘッドのほうから昇ってくる太陽を眺めていると、体のなかが浄化されていくようです。まだ人影も少なく、ほぼひとり占め状態で眺められるのですから、朝食前にぜひ訪れることをオススメします。

　日が高くなってきたら、冷たいカクテルでのどを潤しながら、夕暮れには水平線に沈む太陽を眺めながら。ここはまさに、ワイキキ・ビーチの特等席なのです。

MAP P.155／ワイキキ
2255 Kalakaua Ave., Honolulu
808-922-4422　FAX 808-931-8833
マウンテンビュー $335～790、
オーシャンフロント $470～1050、
オハナ・スイート $1035～　全1636室
日本の予約先：スターウッド予約センター
0120-922-775
WEB jp.sheraton-waikiki.com

093 Sheraton Waikiki

ロケーションとパーフェクトな設備に誰もが満足！

「初めてハワイへ行くのだけど、オススメのホテルを教えて」。そう聞かれたら、まずこのホテルの名前を挙げます。ワイキキ・ビーチに翼を広げたように立ち、オアフ島最大級の客室数を誇るメガホテルは、ワイキキのほぼ中央に位置するからどこに出かけるのも便利。ビュッフェ、和食、ローカル料理を味わえるレストランのほか、ハワイのおみやげはもちろん、ビーチグッズやハワイアン・コスメを扱う店（P.67）、ロコ・アーティストの作品を展示するギャラリー、ネイルサロン、日本のコンビニまであり、ホテルのなかにひとつの街を形成しています。

もうひとつ大きなポイントは、ワイキキ最大のショッピング・スポット、ロイヤル・ハワイアン・センター（P.28）に隣接していること。雨の日でも（朝夕、ハワイはけっこう雨が降ります）ほとんどぬれずにアクセスでき、一番近いところにコンビニとおみやげに人気のクッキー屋（P.79）が出店しているのも、ホテルゲストのニーズを心得ていてうれしくなります。例えばグループ旅行で海外に不慣れなメンバーがいても、ここなら自由行動も安心です。

個人的にはこじんまりしたホテルのほうが好みなのですが、実際に泊まってみて計算しつくされた施設とサービスの充実ぶりに、「なかなかやるな」となってしまいました。次回、ファミリーツアーで訪れるなら、ここで決まりです！

背骨を正しくサポートしてくれるベッドは、ホテルのために開発されたもの。パリッと仕上がったシーツも気持ちいい！

バスルームからも海が眺められるつくり。リノベーションにより、ウォシュレットを備えた部屋が増えました。

これぞ、"ザ・ワイキキ"といえる眺め。西と東のウィングで、異なる眺望を楽しめます。

プールは2カ所あり、こちらは噴水やウォータースライダーがあるヘルモア・プレイグラウンド。

海との一体感を味わえるインフィニティ・エッジ・プールは、16歳以上の大人限定。プールバーのカクテルも楽しみです。

NO 094 おしゃれロコも注目する ビーチバンガロー風ホテルに滞在

HAWAII WISH LIST Hot 2017

ホノルルのクリエーターたちのアイデアが随所に光ります。

The Surfjack Hotel & Swim Club
ザ・サーフジャック・ホテル&スイム・クラブ

　ワイキキで今、もっともニュースなホテルといったら、2016年の夏にオープンしたばかりのここではないでしょうか。ゆる〜い感じのビーチバンガロー風インテリアは、1960年代のミッドセンチュリーやオールドハワイをイメージしたもの。地元のアーティストによる絵画や調度品が置かれた客室は、ホテルというより海辺のコテージの1室を思わせ、ワイキキの中心とは思えないほど開放的な雰囲気です。

　もともと古いホテルが立っていた場所なのですがその面影は全くなく、街並みまで生まれ変わったよう。それには、天井のラックにサーフボードが架かるプールサイドのロビーとともに、エントランスの両翼にあるショップ（P.46）とレストラン（P.120）の存在が大きく貢献しています。どちらもローカルから絶大な人気を誇る店。それがワイキキに出店したとあってツーリストはもとより、しばらくワイキキから遠ざかっていたロコたちからも大きな注目を浴びているのです。

　ホテル名に「スイム・クラブ」とあるのは、プールサイドでサーフムービーを流したり、ファッションショーやライブ

天井からサーフボードが架かるプールサイドのロビー。チェックインはここで。

1.2. ロコのアーティストによる調度品が置かれた客室は、バンガロー（ホテルルーム）と1・2ベッドルームの3タイプ。バンガローと2BRをコネクトして3BRとしても利用できます。3. アメニティにはノースショアのハンドメイドソープも。

プールサイドで催されるイベントにロコも注目。

開催などのプログラムがあるから。地元のサーファーや植物学者、建築家が案内する、いわゆる"ホテル外活動"も企画されていて、これまでにないハワイ体験に期待が高まります。ロコたちが集う新たなプレイスポットとしてもワイキキで今、一番気になるホテルなのです。

- MAP P154／ワイキキ
- 412 Lewers St., Honolulu
- 808-923-8882　FAX 808-924-5888
- 1ルーム・バンガロー $399〜、1ベッドルーム・スイート $499〜　全111室
- 日本の予約先：㈱パシフィックリゾート　0120-080102
- WEB aquahospitality.jp/hotels/instinct/the-surfjack-hotel-swim-club

N° 095 全室オーシャンビューの レジデンスホテルにときめく

HAWAII WISH LIST Hot 2017 UPDATE

The Ritz-Carlton Residences, Waikiki Beach
ザ・リッツ-カールトン・レジデンス ワイキキビーチ

ビーチからワンブロック離れたロケーションが落ち着きます。

暮らすように滞在できるレジデンスホテルは、2016年7月にオープンしたばかり。世界的なホテルブランド、ザ・リッツ・カールトンのなかでも、ホテルとレジデンスが融合した施設はここワイキキが世界初なのだそうです。コンドミニアムと異なるのは、ベッドメイク、ルームサービス、コンシェルジュのほか、レストランやスパ施設が整っていること。キッチンとランドリーが整った客室に滞在し、ラグジュアリーホテルのサービスを受けられるというわけです。

部屋から一歩出れば、そこはリッツ・ワールド。プライベート・カバーナがあるインフィニティ・プール、ハリウッドのセレブリティを指導するトレーナーがプロデュースするフィットネスジム、世界屈指のスパトリートメントなど、大人のリゾート滞在を満喫できます。また、ホテル内のレストランや日本でも人気のデリ『Dean & Deluca』(P.117) は、ホテルゲスト以外からも注目の的。新たなランドマーク誕生により、ワイキキのツーリストの流れが確実に変わってきています。そんなまっさらなホテルに滞在し、ハワイで暮らすような気分を味わってみてはいかがでしょう。

MAP P.154 / ワイキキ
383 Kalaimoku St., Honolulu
808-922-8111 FAX 808-729-9716
ステューディオ・オーシャンビュー $599〜、
1BRデラックス・オーシャンビュー $899〜、
2BRデラックス・オーシャンビュー $1399〜　全307室
0120-853-201
www.RitzCarlton.com/waikiki

すべての客室から公園と、その向こうに広がる海を眺められます。

客室は1〜3ベッドルーム・スイートまで。もう少しコンパクトなスタジオもご用意。

1ベッドルーム・スイートのキッチン。

2カ所のジャグジーがあるインフィニティ・プール。写真下のカバーナは予約制です。

決して華美ではない、控えめなインテリアが心地よく、チェックインした瞬間からくつろげます。

ウエルカムフルーツのパパイヤと、オリジナルのチョコレートのおいしさにも感激！

スイートルームのラナイから望む景色は、見飽きることがありません。

№096 マネージャーズ・レセプションの招待状を受け取る

Halekulani
ハレクラニ

ホテルのスタッフと会話ができる貴重なチャンスです。

　ハワイ語で「天国にふさわしい館」の名を持つハレクラニ。いつ訪れてもここには特別な空気が流れています。足を踏み入れた瞬間に感じる心地よい緊張感と、それをほぐしてくれるスタッフの笑顔。そして花にも石けんにも似たほのかな香り。この空気を味わうため、多くの人が再びこのホテルに帰ってきます。

　そんな常連さんのひそかな楽しみは、水曜日の夕刻に催されるマネージャーズ・レセプション。支配人と数名のマネージャーがゲストをもてなすカクテル・パーティーは、ホテルのスタッフと心置きなくおしゃべりを交わせるめったにない機会。さらに、金曜日の午前中に行われるバック オブ ハウス ツアーに参加すれば、ホテルの隅から隅まで知ることができるというわけ。

　滞在中の1日は、どこにも出かけずプールサイドで過ごしてみてください。デッキチェアに寝転んでいると、アイスクリームとか、マフィンとか、時々やってくる「おやつタイム」も楽しみ。せっかく滞在するなら、ホテルゲストの特権を存分に味わいたいものです。

- MAP P.154／ワイキキ
- 2199 Kalia Rd., Honolulu
- 808-922-2311　FAX 808-926-8004
- ガーデン・コートヤード$585、オーシャン・ビュー$825、ダイヤモンドヘッド・スイート$2515　全453室
- 日本の予約先：帝国ホテル ハレクラニ・リゾーツ予約センター　0120-489823
- WEB www.halekulani.com/jp

1. 毎晩、ターンダウンサービスのときに届けられる小さなプレゼント。滞在した日数分だけ、思い出の品が増えていきます。2. スイートのリビングルームも、白とベージュの落ち着いたトーンで統一されています。

1. 宮殿を思わせる優美な外観。 2. 館内のあちこちにソファやイスが置かれています。 3.4.王族の気分に浸るなら、ぜひヒストリック・ビルディング（本館）のスイートルームをリクエストして。

N⁰ 097 太平洋のピンクパレスで王族気分に浸る Must

ハワイゆかりの人物が部屋の名前に。

The Royal Hawaiian, a Luxury Collection Resort
ロイヤル ハワイアン　ラグジュアリー コレクション リゾート

　その優美な姿がひときわ存在感を放つピンクのホテル。豪華客船の旅が主流だった時代、船上から太平洋に浮かぶ宮殿のように見えたことから、「太平洋のピンクパレス」の愛称で呼ばれるようになりました。ホテルがあるのは、かつてハワイ王家のサマーパレスがあった場所。最新設備を取り入れながらもロビー、回廊、調度品に至るまで古き良き時代の面影を残すインテリアで統一され、王朝時代のハワイをしのぶことができます。

　オーシャンビューの素晴らしさはいわずもがな、王家のヤシ園だった中庭を眺めて過ごすのもいいもの。船旅の時代、何日も海だけを見続けてきた旅人にとって、オーシャンビューよりガーデンビューのほうが贅沢だったとか。そんな航海時代を思いながらヤシの木からそよぐ風に吹かれていると、時間を忘れます。

- MAP P.155／ワイキキ
- 2259 Kalakaua Ave., Honolulu
- 808-923-7311　FAX 808-931-7098
- ヒストリック・ルーム$445、ヒストリック・オーシャン$615、ヒストリック・オーシャン・スイート$6000　全529室
- 日本の予約先：スターウッド予約センター 0120-922-775
- WEB jp.royal-hawaiian.com

アメニティは「マリエ・オーガニクス」。

1.ホテルを見つめるデューク像は必須の記念撮影スポット。2.2015年の改装によりすべての客室が新しくなりました。3.ワイキキ・ビーチの一番、賑やかな場所を見下ろせます。4.日本茶まであるのはうれしい限り。

№ 098 ラナイから ハワイの英雄を見下ろす

Hyatt Regency Waikiki Beach Resort and Spa
ハイアット リージェンシー ワイキキ ビーチ リゾート アンド スパ

　ハワイの英雄としてその名を語り継がれるデューク・カハナモク。ワイキキ・ビーチを背に立つ彼の視線の先にあるのが、ひときわ目を引く八角形のツインタワーホテルです。

　目の前には世界のツーリストが憧れるビーチが、館内には人気ショップが軒を連ねるブティック街、軽食から豪華ディナーまで楽しめるレストランがあり、ハワイ文化を体験できるイベントや、週2回、敷地内でファーマーズマーケットを開催。日本語の案内もあり、まさにかゆい所に手が届くサービスの充実ぶりです。

　もうひとつのポイントは、すべての客室のトイレにウォシュレットがあること。これ、けっこう重要で、「海外旅行はトイレがね……」と渋る人も少なくないのです。でもここなら、初めてのハワイ旅行や家族2世代、3世代の滞在も安心です。

MAP P.155／ワイキキ
2424 Kalakaua Ave., Honolulu
808-923-1234　FAX 808-926-3415
ワイキキ シティビュー $180～、オーシャンビュー $230～（デイリーレートのため変動あり）　全1230室
リザーベーションセンター　03-3288-1234
0120-512-343（東京03地域以外）
WEB waikiki.hyatt.jp

「ホノルルで一番スタイリッシュ！」と評判のデザイナーズホテル。サンセットプールからはサンライズプールとヨットハーバーを見渡せます。

No 099 ハーバービューの隠れ家ホテルで大人の時間を過ごす

The Modern Honolulu
ザ・モダン・ホノルル

ヨットハーバーを一望するマリーナビュー・スイート。シンプルななかにもハワイらしさが感じられます。

　ふたつのプールは、一方がカクテルや軽食を楽しめるレストランを併設したサンライズプール。ウッドデッキの階上にあるのが、コバルトブルーのタイルと白砂のコントラストが美しいサンセットプールです。階上のプールは、大人だけに解放された特別な空間。隠れ家的な雰囲気に、ワイキキ周辺の喧騒を逃れてきたリピーターから高い支持を得ています。

　ホテル内のレストランやバーは、ロコのおしゃれスポットとしても評判。サンセットが近づくとドレスアップしたカップルやグループが集い、週末は特に賑やかです。ハワイのミュージシャンによるライブ演奏もあり、ロコ気分を味わいながら過ごすのもいいものです。

　ワイキキ・ビーチとアラモアナ・センター、どちらへも歩いて行けるロケーションにあり、静かな環境も魅力。二度目、三度目の大人のハワイ旅にオススメです。

MAP P.154／ワイキキ
1775 Ala Moana Blvd., Honolulu
808-450-3379
スタンダード・シティビュー $349〜、
1BRマリーナビュー・スイート $599〜、
オーシャンフロント・スイート $649〜　全353室
WEB www.themodernhonolulu.jp/index.htm

1. 2. 最大5名まで滞在できる1ベッドルーム・スイート。ホテルルーム以外はウォシュレットが付いています。
3. ホテルルームでもこの広さ。

4. アットホームな雰囲気のパブリックスペース。5. ここで無料の朝食がふるまわれます。ウッドデッキの奥にはプールが。
6. すぐ向かいがDFS。アラモアナ・センターまで無料のシャトルを運行しています。

№ 100 立地良し、コスパ良しのブティックホテルを拠点に

Aqua Oasis A Joy Hotel
アクア・オアシス　ア・ジョイ・ホテル

　ワイキキの中心でこの価格は、かなり良心的です。客室数を100以下に抑えたこじんまりしたホテルですが、室内のつくりはゆったりしていて、最もコンパクトなホテルルームでもスーツケースをふたつ広げて余裕の広さ。キチネット付きの1ベッドルームなら、2～3人で滞在しても窮屈ではありません。大規模なリノベーションを終え、客室が以前に比べてナチュラルな印象に、パブリックスペースは遊び心あるデザインになりました。
　"ブティックホテル"というと、日本ではついそのテのホテルをイメージしてしまうけれど、ご心配なく。ロケーションの良さが気に入って、私は何度か一人で滞在しています。周りに深夜まで営業するバーがあるため、騒々しいと感じることもありますが、夜遅くふらっと買い物に出かけても安心。夜遊び好きには、かえって好都合かもしれません。

P.154／ワイキキ
320 Lewers St., Honolulu
808-923-2300　FAX 808-924-4010
ホテルルーム$260～、1ベッドルーム・スイートキチネット付き$410～　全96室
日本の予約先：㈱パシフィックリゾート
0120-080102
www.aquahospitality.jp/hotels/aqua/ajoy/

No 101 私たちがハワイでしたいこと

　この本を作る過程で、今回も色々な場所に行き、人と出会い、楽しい思いをたくさんさせていただきました。ハワイは"幸せ"があふれた本当に素晴らしい場所だとつくづく思います。

　本書ができあがった今、僕が一番したいこと。それはこの島の"ハッピー"をみなさんと"シェア"することです。"幸せ"は人から人へと伝わるもの。幸せそうな人を見ていると、自分も幸せな気分になってくることってありますよね？　この本が少しでもみなさんの"ハッピー・ハワイ"を見つける手助けになれば、僕にとってこれ以上の幸せはありません。

宮澤 拓

　「この島のハッピーを、シェアしたい……」。それは、カッコ良すぎるセリフじゃありませんか、拓さん！　たしかに、お友だちや家族がハワイへ来て自分のお気に入りの場所に案内するとき、私がまだ知らないことを初めて紹介してくれるとき、そういうときの拓さんは本当に楽しそうです。

　本書が私たちの9冊目のハワイ本です。こうしてふたりで本を作るようになったのは、何年も一緒に仕事をしていて、「ハワイで私たちが好きな場所や好きなもの、いいな、と思うことを1冊にまとめて伝えられたらいいね」と話したことがきっかけでした。当時はまだ、"シェア"という言葉は今ほど一般的ではなかったけれど、幸せな気持ち、楽しいことを誰かに伝えたいと思うのは、"シェアする"ってことですよね。

　ハワイを旅していて一番楽しいのは、さまざまな場所へ行き、いろんな人と会い、今まで知らなかった新たな魅力を発見できること。そして、さらに「次は、こんな本を作りたいよね」なんて、次に「したいこと」が見つかった瞬間です。そんなときは、どんどん妄想（？）が膨らんでわくわくしてきます。

　この"わくわくする気持ち"が読んでくださったみなさんに伝わるといいな。そんなことを思いながら、本を作っています。

　さて、10冊目はどんな"ハッピー・ハワイ"を見つけに行きましょうか？

永田さち子

ANAのハワイ旅行で
したいこと。

何度訪れても、尽きることのない魅力で迎えてくれるハワイ。
訪問回数が増えれば増えるほど、新たにやりたいことが増えてきます。
そんな Hawaii Lover を応援してくれるのが、ANA のハワイ旅行。
今度のハワイは快適な空の旅も「したいこと」のひとつに加えてみませんか。

1. 最新鋭機の快適フライトを楽しみたい！

ANAでは2016年10月30日より、羽田＝ホノルル線に最新鋭機のボーイング787-9型機を導入。先進的なテクノロジーを採用し、ハワイへの旅がますます快適に便利になりました。
チェックインが待ち遠しくなる、機内の魅力をご紹介しましょう。

最新鋭機導入の羽田＝ホノルル線が、ますます快適で楽しい！

ANAが世界初の定期運航を開始したボーイング787-9型機が、ついにホノルル路線に登場！フルフラットシートが心地よい眠りを約束するビジネスクラスは、日本の航空会社で初めての全席通路側スタイル。足元がゆったりとしたプレミアムエコノミーも加わり、ますます快適な旅を楽しめるようになりました。ハワイ気分の機内食、充実の機内エンターテインメントを楽しんでいるうちに、あっという間にホノルル到着です。

さらに、仕事帰りでも出発できる羽田発の時間は夜のままで、ホノルルから羽田への帰着時間が5時間早くなったこともポイント。より多くの国内線との乗り継ぎが可能です。

B787-9型機（羽田＝ホノルル線）

ビジネスクラス

プレミアムエコノミー

エコノミークラス

フラットシートのビジネスクラスは、どの席に座っても直接通路に出ることができます。音楽も映画もオンデマンドで楽しめる液晶モニターなど、機内エンターテインメントも充実。

便名	出発時刻	到着時刻
NH186 羽田→ホノルル	21：55	10：05

便名	出発時刻	到着時刻
NH185 ホノルル→羽田	13：10	17：25 (+1日)

※出発、到着時刻は変更になる場合があります。

B787-8型機（成田＝ホノルル線）

ビジネスクラス

エコノミークラス

ホノルル＝成田線には2016年12月1日よりB787-8型機を導入（NH184/183のみ）。エコノミークラスでもタッチパネル式液晶モニターが使えるようになります。

便名	出発時刻	到着時刻
NH184 成田→ホノルル	18：50	06：50
NH/NQ182 成田→ホノルル	21：30	09：30

便名	出発時刻	到着時刻
NH183 ホノルル→成田	09：20	13：35 (+1日)
NH/NQ181 ホノルル→成田	12：00	16：15 (+1日)

※出発、到着時刻は変更になる場合があります。

2 到着前から ハワイ気分に浸りたい！

機内で思い出作りができる！

機内でのお楽しみは、機内食だけではありません。なんと、世界でたったひとつの「思い出マグカップ」を作れちゃうのです。白いマグカップにお絵かきペンを使って絵や文字を描けば、旅の想い出になるばかりか、大切な人へのプレゼントにも喜ばれること間違いなし！ほかにも、エコノミークラスでは食事のトレーの下に当たりくじがあれば、素敵なプレゼントが当たるチャンスがあります。

日本発ビジネスクラスの食事は、夜遅いフライトにちょうどいいボリュームのワンプレートメニュー。軽めの食事として、ブリオッシュフレンチトーストも。

日本発エコノミークラスでは、ポリネシア風のチキンBBQを。(和食もご用意)

白いカップに好きなイラストや文字を描いて持ち帰れる「思い出マグカップ」。

1食目の食事トレーの下に当たりくじが出たらプレゼント。

詳しい情報＆予約は…

ANAリゾートプロジェクト
www.ana.co.jp/serviceinfo/international/inflight/guide/info/honolulu

※画像はすべてイメージです。お食事やサービスの内容、フライト時刻は変更になることがあります。

3 ハワイでは「マハロラウンジ」を使いこなしたい！

※ANAセールスのツアーご利用のお客様が対象です。

ワイキキの中心にあるラウンジが滞在をサポート

ワイキキのメインストリート、カラカウア通りのワイキキ・ショッピング・プラザ2階にある「マハロラウンジ」は、滞在中の頼りになる存在。日本語で対応してくれるスタッフが常駐し、ドリンクサービスやキッズスペースもご用意。ホノルル到着後、チェックインまでの時間もリラックス！

チェックインの前後に使えるだけでなく、待ち合わせにも便利。傘や携帯電話の無料レンタルもあります。

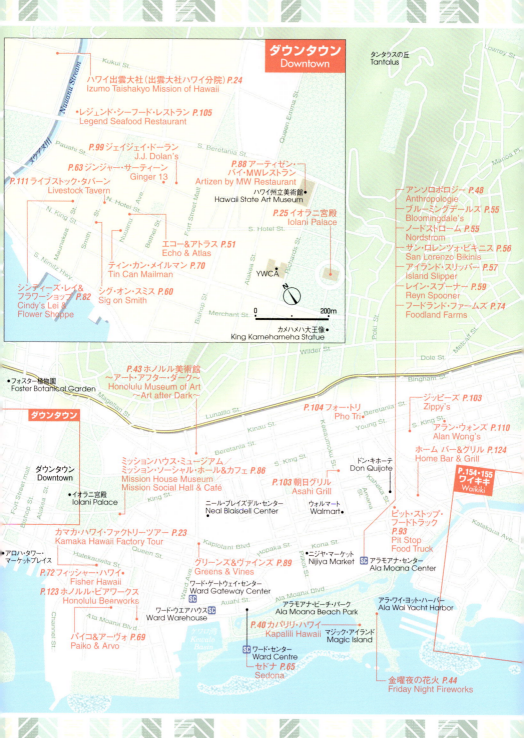

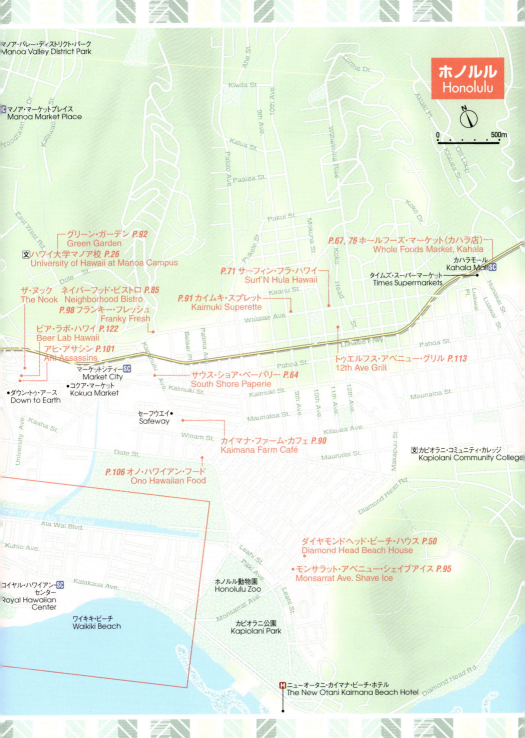

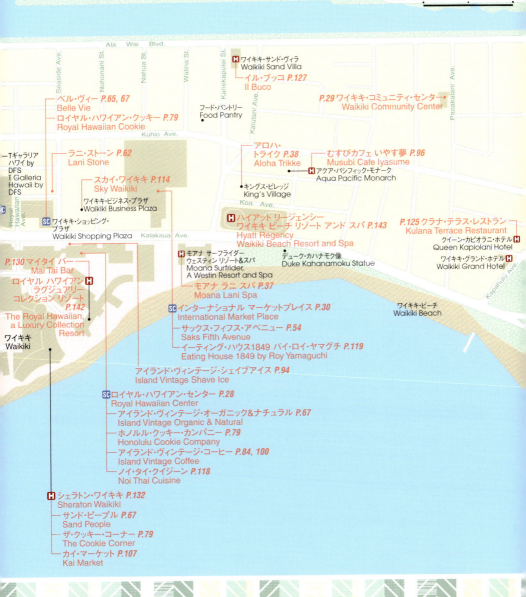

INDEX さくいん

あ

アーティゼン・バイ・MWレストラン	Artizen by MW Restaurant 〈HOT〉	……88
アイ・ラブ・ナロ	Ai Love Nalo 〈DEEP〉	……11
アイボリー	Ivory 〈MUST〉	……53
アイランド・ヴィンテージ・オーガニック&ナチュラル Island Vintage Organic & Natural 〈MUST〉		……67
アイランド・ヴィンテージ・コーヒー	Island Vintage Coffee 〈MUST〉	……84, 100
アイランド・ヴィンテージ・シェイブアイス	Island Vintage Shave Ice 〈MUST〉	……94
アイランド・スリッパー	Island Slipper 〈MUST〉	……57
アイランド・バンガロー・ハワイ	Island Bungalow Hawaii 〈MUST〉	……53
アウラニ・ディズニー・リゾート&スパ コオリナ・ハワイ Aulani, A Disney Resort & Spa, Ko Olina, Hawai'i 〈HOT〉		……13
アクア・オアシス ア・ジョイ・ホテル	Aqua Oasis A Joy Hotel 〈HOT〉	……145
朝日グリル	Asahi Grill 〈DEEP〉	……103
アヒ・アサシン	Ahi Assassins 〈DEEP〉	……101
アラン・ウォンズ	Alan Wong's 〈MUST〉	……110
アロハ・スプレット	Aloha Superette 〈MUST〉	……52
アロハ・トライク	Aloha Trikke 〈HOT〉	……38
アンソロポロジー	Anthropologie 〈MUST〉	……48
イーティング・ハウス 1849 バイ・ロイ・ヤマグチ Eating House 1849 by Roy Yamaguchi 〈HOT〉		……119
イオラニ宮殿	Iolani Palace 〈MUST〉	……25
イル・ブッコ	Il Buco 〈DEEP〉	……127
インターナショナル マーケットプレイス	International Market Place 〈HOT〉	……30
エコー&アトラス	Echo & Atlas 〈HOT〉	……51
エセルズ・グリル	Ethel's Grill 〈DEEP〉	……108
オノ・ハワイアン・フード	Ono Hawaiian Food 〈MUST〉	……106
オリーブ&オリバー	Olive & Oliver 〈HOT〉	……47

か

カイ・マーケット	Kai Market 〈MUST〉	……107
カイマナ・ファーム・カフェ	Kaimana Farm Café 〈MUST〉	……90
カイムキ・スプレット	Kaimuki Superette 〈HOT〉	……91
カイルア・リビング	Kailua Living 〈MUST〉	……53
カハラ・ビーチ	Kahala Beach 〈DEEP〉	……36
カパリリ・ハワイ	Kapalili Hawaii 〈HOT〉	……40
カマカ・ハワイ・ファクトリーツアー	Kamaka Hawaii Factory Tour 〈DEEP〉	……23
カラカウア通りのハワイ語	Hawaiian Words on Kalakaua 〈MUST〉	……42

金曜夜の花火　Friday Night Fireworks〈MUST〉……44
クラナ・テラス・レストラン　Kulana Terrace Restaurant〈DEEP〉……125
クアロア・ランチ　Kualoa Ranch〈HOT〉……17
グリーン・ガーデン　Green Garden〈HOT〉……92
グリーンズ＆ヴァインズ　Greens & Vines〈DEEP〉……89
コオリナ・リゾート　Ko Olina Resort〈HOT〉……12
ココ・ヘッド・トレイル　Koko Head Trail〈DEEP〉……35
コナ・ベイ・ハワイ　Kona Bay Hawaii〈HOT〉……58

さ

ザ・クッキー・コーナー　The Cookie Corner〈MUST〉……79
ザ・サーフジャック・ホテル＆スイム・クラブ　The Surfjack Hotel & Swim Club〈HOT〉……136
ザ・ヌック　ネイバーフッド・ビストロ　The Nook Neighborhood Bistro〈HOT〉……85
ザ・モダン・ホノルル　The Modern Honolulu〈DEEP〉……144
ザ・リッツ・カールトン・レジデンス ワイキキビーチ
　　The Ritz-Carlton Residences, Waikiki Beach〈HOT〉……138
サーフィン・フラ・ハワイ　Surf'N Hula Hawaii〈DEEP〉……71
サウス・ショア・ペーパリー　South Shore Paperie〈MUST〉……64
サックス・フィフス・アベニュー　Saks Fifth Avenue〈HOT〉……54
サン・ロレンツォ・ビキニス　San Lorenzo Bikinis〈DEEP〉……56
サンド・ピープル　Sand People〈MUST〉……67
ジェイジェイ・ドーラン　J.J. Dolan's〈MUST〉……99
シェラトン・ワイキキ　Sheraton Waikiki〈MUST〉……132
シグ・オン・スミス　Sig on Smith〈DEEP〉……60
ジッピーズ　Zippy's〈DEEP〉……103
ジンジャー・サーティーン　Ginger 13〈HOT〉……63
シンディーズ・レイ＆フラワーショップ　Cindy's Lei & Flower Shoppe〈DEEP〉……82
スカイ・ワイキキ　Sky Waikiki〈HOT〉……114
セドナ　Sedona〈MUST〉……65
全米ベストビーチ　America's Best Beach〈DEEP〉……34

た

ターゲット　Target〈MUST〉……72
ダイヤモンドヘッド・ビーチ・ハウス　Diamond Head Beach House〈MUST〉……50
ディーン＆デルーカ　Dean & Deluca〈HOT〉……117
ティン・カン・メイルマン　Tin Can Mailman〈DEEP〉……70
デューク・カハナモク・ビーチ　Duke Kahanamoku Beach〈DEEP〉……34
トゥエルフス・アベニュー・グリル　12th Ave Grill〈MUST〉……113
トロピクス・バー＆グリル　Tropics Bar & Grill〈MUST〉……130

な

ナンバー 808　Number 808〈HOT〉……33
虹　Catch the Rainbow〈MUST〉……6
ノイ・タイ・クイジーン　Noi Thai Cuisine〈MUST〉……118
ノードストローム　Nordstrom〈HOT〉……55

は

ハーバー・レストラン・アット・ピア 38　Harbor　Restaurant at Pier 38〈HOT〉……121
ハイアット リージェンシー ワイキキ ビーチ リゾート and スパ
　　Hyatt Regency Waikiki Beach Resort and Spa〈MUST〉……143
パイコ＆アーヴォ　Paiko ＆ Arvo〈HOT〉……69
ハウオリファーム・フルーツツアー　Hauoli Farm Fruits Tour〈DEEP〉……18
ハウス・ウイズアウト・ア・キー　House Without a Key〈MUST〉……128
ハナウマ湾　Hanauma Bay〈DEEP〉……34
ハレイワ・ストア・ロッツ　Haleiwa Store Lots〈HOT〉……32
ハレクラニ　Halekulani〈DEEP〉……141
ハレハナ・ワイキキ　Hale Hana Waikiki〈HOT〉……27
ハワイ出雲大社（出雲大社ハワイ分院）Izumo Taishakyo Mission of Hawaii〈HOT〉……24
ハワイ大学マノア校　University of Hawaii at Manoa Campus〈DEEP〉……26
ビア・ラボ・ハワイ　Beer Lab Hawaii〈HOT〉……122
BLT マーケット　BLT Market〈HOT〉……116
東海岸ドライブコース　Oahu East Coast Drive〈DEEP〉……8
ピット・ストップ・フードトラック　Pit Stop Food Truck〈DEEP〉……93
ピンクス ＆ シーライフ・パーク・ハワイ　Pink's ＆ Sea Life Park Hawaii〈DEEP〉……11
フィッシャー・ハワイ　Fisher Hawaii〈MUST〉……72
フードランド・ファームズ　Foodland Farms〈HOT〉……74
フォー・トリ　Pho Tri〈DEEP〉……104
フォーシーズンズ・リゾート・オアフ・アット・コオリナ
　　Four Seasons Resort Oahu at Ko Olina　　　　〈HOT〉……13
フミズ・カフク・シュリンプ・トラック　Fumi's Kahuku Shrimp Truck〈MUST〉……97
フランキー・フレッシュ　Franky Fresh〈HOT〉……98
ブルー・ラニ・ハワイ　Blue Lani Hawaii〈MUST〉……53
ブルーミングデールズ　Bloomingdale's〈HOT〉……55
ベル・ヴィー　Belle Vie〈MUST〉……65、67
ホオマルヒア植物園　Hoomaluhia Botanical Garden〈DEEP〉……14
ホーム　バー＆グリル　Home　Bar ＆ Grill〈DEEP〉……124
ホームステイ・ウイズ・シェフ　Homestay with Chef〈DEEP〉……21
ホールフーズ・マーケット（カハラ店）　Whole Foods Market, Kahala〈MUST〉……67、76
ホノルル・クッキー・カンパニー　Honolulu Cookie Company〈MUST〉……79

ホノルル・ビアワークス　Honolulu Beerworks〈HOT〉……123
ホノルル美術館　～アート・アフター・ダーク～
　　Honolulu Museum of Art　～ Art after Dark ～〈DEEP〉……43
ホロカイ・カタマラン　Holokai Catamaran〈MUST〉……41

ま

マイタイ バー　Mai Tai Bar〈MUST〉……130
マカプウ岬　Makapuu Point〈DEEP〉……10
マツモト・シェイブアイス　Matsumoto Shave Ice〈HOT〉……33
マヒナ＆サンズ　Mahina & Sun's〈HOT〉……120
ミッションハウス・ミュージアム／ミッション・ソーシャル・ホール＆カフェ
　　Mission House Museum／Mission Social Hall & Café〈DEEP〉……86
むすびカフェ いやす夢　Musubi Cafe Iyasume〈MUST〉……96
モアナ ラニ スパ　Moana Lani Spa〈MUST〉……37
モンサラット・アベニュー・シェイブアイス　Monsarrat Ave. Shave Ice〈MUST〉……95

ら

ラ・マリアナ・セイリング・クラブ　La Mariana Sailing Club〈DEEP〉……126
ライオン・コーヒー・ファクトリーツアー　Lion Coffee Factory Tour〈MUST〉……22
ライブストック・タバーン　Livestock Tavern〈HOT〉……111
ラニ・ストーン　Lani Stone〈MUST〉……62
ラニカイ・ビーチ　Lani Kai Beach〈DEEP〉……34
ラブズ・ベーカリー　Love's Bakery〈DEEP〉……81
リリハ・ベーカリー　Liliha Bakery〈DEEP〉……80
レイナイア　Leinaia〈MUST〉……53
レイン・スプーナー　Reyn Spooner〈MUST〉……59
レジェンド・シーフード・レストラン　Legend Seafood Restaurant〈MUST〉……105
レモーナ・ハワイ　Lemona Hawaii〈MUST〉……95
ロイヤル ハワイアン　ラグジュアリー コレクション リゾート
　　The Royal Hawaiian, a Luxury Collection Resort〈MUST〉……142
ロイヤル・ハワイアン・クッキー　Royal Hawaiian Cookie〈MUST〉……79
ロイヤル・ハワイアン・センター　Royal Hawaiian Center〈MUST〉……28
ロミーズ・カフク・プロウンズ＆シュリンプ　Romy's Kahuku Prawns & Shrimp〈MUST〉……97
ロンギーズ・コオリナ　Longhi's Ko Olina〈HOT〉……13

わ

ワイキキ・コミュニティ・センター　Waikiki Community Center〈DEEP〉……29
ワイマナロ・ビーチ　Waimanalo Beach〈DEEP〉……11, 34
ワイラナ・コーヒー・ハウス　Wailana Coffee House〈DEEP〉……103

永田さち子　Sachiko Nagata

国内外の旅、食、ライフスタイルをテーマに雑誌を中心に寄稿。旅先へはランニングシューズを持参し、街角ウォッチングとともに身近な自然や小動物、かわいいものとの出会いを楽しみに快走中。著書に『自然のしごとがわかる本』（沼澤将夫と共著、山と溪谷社）、ハワイ本では宮澤拓との共著『よくばりハワイ』『よくばりハワイ　ビッグ・アイランド編』（翔泳社）、『ハワイのスーパーマーケット』『ハワイを歩いて楽しむ本』（ともに実業之日本社）ほか。海外旅行情報サイト『Risvel』（www.risvel.com）にトラベルコラム「よくばりな旅人」を連載中。

宮澤 拓　Taku Miyazawa

ハワイの気候、風土、そして人々に魅せられてオアフ島に移住。10年以上経った現在でも新しい発見は尽きず、ハワイの奥深さにただ感嘆し続けている日々。雑誌、広告の撮影を手がけるかたわら「自分たちの目線でハワイの魅力を伝えたい」という思いで、年に1〜2冊ペースでハワイをテーマにした書籍を制作中。永田さち子との共著に『よくばりハワイ』シリーズ（翔泳社）。最新作は『ハワイのスーパーマーケット』『ハワイを歩いて楽しむ本』（ともに実業之日本社）など多数。2015年夏、ハワイ在住のフォトグラファーたちとともにハワイの写真サイトwww.aosolaimages.comを立ち上げ、「一人でも多くの方々とハワイの魅力を共有したい」という気持ちで、今日もどこかで撮影に奮闘中。

文　　　　　　永田さち子
写真　　　　　宮澤 拓
ブックデザイン　清水佳子
現地コーディネート　マイコ・アイゾン
地図制作　　　千秋社
企画編集　　　岡田大和

協力
ANA
スターウッド ホテル & リゾート ワイキキ
ハレクラニ
アクア-アストン・ホスピタリティー

HAWAII Wish List
ハワイでしたい101のこと

2016年12月5日　初版第1刷発行

著　者　　永田さち子／宮澤 拓
発行者　　岩野裕一
発行所　　実業之日本社

〒153-0044
東京都目黒区大橋1-5-1 クロスエアタワー 8階
電話（編集）03-6809-0452
　　（販売）03-6809-0495
http://www.j-n.co.jp/

印刷所　　大日本印刷株式会社
製本所　　株式会社ブックアート

©Sachiko Nagata, Taku Miyazawa, 2016
Printed in Japan
ISBN978-4-408-45612-6（第一趣味）

落丁・乱丁の場合は小社でお取り替えいたします。実業之日本社のプライバシー・ポリシー（個人情報の取扱い）は、上記サイトをご覧ください。本書の一部あるいは全部を無断で複写・複製（コピー、スキャン、デジタル化等）・転載することは、法律で認められた場合を除き、禁じられています。また、購入者以外の第三者による本書のいかなる電子複製も一切認められておりません。